辽宁省首届优秀教材建设奖

>> 外研社·供高等学校日语专业使用

新经典日本语

基础教程 第二册

第三版

总主编／于 飞
主 审／修 刚 陈 岩 石川守〔日〕
　　　川口义一〔日〕
主 编／胡小春 王 猛 于 飞
副主编／吕 萍 张建伟 李妍妍
编 者／安 月 刘艺寒 沈 阳
　　　贺静彬

外语教学与研究出版社
北京

图书在版编目（CIP）数据

新经典日本语基础教程. 第二册 / 胡小春，王猛，于飞主编；吕萍，张建伟，李妍妍副主编；
安月等编. -- 3 版. -- 北京：外语教学与研究出版社，2024.4
（新经典日本语 / 于飞总主编）
ISBN 978-7-5213-5155-2

I. ①新… II. ①胡… ②王… ③于… ④吕… ⑤张… ⑥李… ⑦安… III. ①日语 - 高等学校 - 教材
IV. ①H36

中国国家版本馆 CIP 数据核字 (2024) 第 063618 号

出 版 人　王　芳
项目策划　杜红坡
责任编辑　庞梦溦
责任校对　王晓晴
装帧设计　彩奇风
出版发行　外语教学与研究出版社
社　　址　北京市西三环北路 19 号（100089）
网　　址　https://www.fltrp.com
印　　刷　北京市大天乐投资管理有限公司
开　　本　889×1194　1/16
印　　张　18.5
字　　数　464 千字
版　　次　2024 年 4 月第 3 版
印　　次　2024 年 4 月第 1 次印刷
书　　号　ISBN 978-7-5213-5155-2
定　　价　78.00 元

如有图书采购需求，图书内容或印刷装订等问题，侵权、盗版书籍等线索，请拨打以下电话或关注官方服务号：
客服电话：400 898 7008
官方服务号：微信搜索并关注公众号"外研社官方服务号"
外研社购书网址：https://fltrp.tmall.com

物料号：351550001

第三版序

近年来，随着我国现代化进程的持续深入与高等教育水平的不断提高，我国高等院校外语专业在人才培养模式、课程设置、教学内容、教学理念与教学方法等方面发生了很大变化。为了适应新时代的教学需求，在对全国不同类型院校日语专业教学现状进行调研的基础上，大连外国语大学和外语教学与研究出版社共同组织中日两国专家和一线教师，编写了"新经典日本语"系列教材。

本系列教材自出版以来，得到我国高等院校日语专业教师的广泛认可，受到使用院校的普遍好评。为了紧跟新时代日语教育发展的步伐，将党的二十大精神有机融入教材，落实立德树人根本任务，更好地服务于中国高等院校日语专业教学，全体编写人员一致认为有必要对本系列教材再次进行修订。为此，大连外国语大学组织60余名专业教师和9名日籍日语教育专家，在收集整理使用院校意见后，由主编统筹修订方案，专家审订修订内容，编写团队多轮反复修改，历时两年完成了本次修订。本次修订，我们重点对教材中解释说明部分的科学性、会话内容与现实生活的结合度、例句的典型性、练习的针对性、录音及情境图示的生动性等进行了深入的研讨，修改了学习目标、句型、注解、解析、导入、练习等板块中的部分内容，替换了非典型例句、与知识点不同步的练习题及不明确的提示图片等。

"新经典日本语"系列教材包括基础教程、听力教程、会话教程、阅读教程、写作教程、高级教程、口译教程、笔译教程，具有以下特色。

一、第三版的设计和编写兼顾两个标准。

依据《普通高等学校本科专业类教学质量国家标准（外国语言文学类）》《普通高等学校本科日语专业教学指南》的培养目标、培养规格（素质要求、知识要求、能力要求）以及课程体系的要求编写，将立德树人作为教育、教学的首要任务，专业课程与课程思政同向同行。同时，在日语能力培养方面参照《JF日语教育标准》（日本国际交流基金会），采用进阶式日语能力设计模式。此外，本系列教材还强调同一阶段不同课程间的横向衔接，重视不同课程在教学上的相互配合和知识互补，旨在解决不同课程在教学目标、教学内容、课时分配等方面因相对独立所形成的矛盾和冲突。本系列教材将日语专业学习分为基础阶段和高年级阶段。基础阶段"学习日语"，培养学生的日语学习能力与语言运用能力；高年级阶段"用日语学"，培养学生的跨文化交际能力、思辨能力与研究能力。

二、突显现代教育认知理论在教学中的指导性。

为使教材在教学中发挥更积极的作用，在编写和修订过程中，我们吸收和借鉴了现代外语教育中的先进理念。虽然日语听、说、读、写、译能力的培养目标和培养模式有所不同，但理论和实践证明：外语习得的过程必须符合学习者的认知规律才能取得良好的效果。因此，本系列教材是在认知理论的指导下，贯彻相应的教学理念，结合了不同课程的特点设计编写而成的。

三、强调"任务型教学法"在教学中的运用。

外语学习不仅是语言知识积累的过程，更是学习者根据学习体验进行归纳、假设、推论、演绎的过程。因此，本系列教材既重视学生在课堂教学中的参与度，也强调学生课下自主学习的重要性。教师不再仅仅是语言知识的传授者、解释者，也是学习环境的创建者、学习任务的设计者。

四、构建内容充实、形式多样的立体化教学服务体系。

本系列教材除纸质版教材、配套音频外，还依托"U校园智慧教学云平台"，提供了标准化、规范化的课件、教案、微课视频、示范课、题库等，助力打造智慧课堂。

最后，感谢外研社领导和各位编辑多年来的陪伴和支持，正是这种精益求精的匠人态度、力争上游的进取精神，才成就了"新经典日本语"系列教材。同时，感谢使用院校的各位老师和同学对"新经典日本语"系列教材的关注和支持，更感谢在教材修订过程中提出宝贵意见的各位同仁。我们希望通过本次修订，使"新经典日本语"系列教材能更好地为中国高等院校日语专业教学提供服务。

"新经典日本语"系列教材编委会

2024年3月

前 言

　　《新经典日本语基础教程（第三版）》是以高等院校零起点的日语专业学生为对象，以培养学生日语听、说、读、写综合语言运用能力为目标的日语综合教材。《新经典日本语基础教程（第三版）》共八册（主教材第一至第四册、同步练习册第一至第四册），分别对应日语专业一、二年级的四个学期。

　　基础教程第一册由"発音"板块和14课构成，第二、三、四册各有16课。与之配套的同步练习册不仅强调对各课的知识点进行集中强化训练，还注重与国内日语水平考试以及新日语能力考试各级别的衔接。同步练习册中设置了与以上相关考试题型类似的专项训练，以此来提高学生应对相关考试的能力，同时达到复现知识点的目的。

教材特点

　　本套教材是在学习和吸收国外第二语言教学的先进理念和方法的基础上，借鉴国内外已经出版发行的优秀教材的经验，并结合我国日语本科教学的现状和教学大纲的要求编写设计的，在编写设计上主要体现以下几个特点。

　　1. 以学习为中心，以学生为主体，激发学生自主学习动力和语言探究潜能。

　　　　本套教材将"任务型教学法"融入其中，在课堂组织中强调学生的参与度。以学生为主体并不是要放弃教师在课堂上的主导地位，而是要让教师成为优秀的课堂引导者，最大限度地调动学生参与到课堂中，帮助学生发现和总结语言规律，举一反三，灵活运用。

　　2. 以输出为驱动，培养学生的日语综合应用能力。

　　　　具体而言，教材在注重听力与阅读理解等语言输入能力的同时，突出学生口语和书面表达能力的训练，以主题（话题）——情景——功能为主线，设计多样化的真实语境交际任务，重在培养学生的日语听说读写综合应用能力。

　　3. 以跨文化交际理论为指导，将解决跨文化冲突问题融入语言学习中。

　　　　教材在选材设计上强调内容的深度和真实性，要让学习者从语言学习中感受、理解不同文化的特征。通过语言学习，学生不仅能获得交际能力，还能了解不同民族间的文化差异在语言和思维上的真实表现，从而提高自身的跨文化交际能力与思辨能力。

4. 提供"教、学、测、评"完整的教学服务解决方案。

本套教材为教师提供教案、教学课件、教学示范课、期末试题库等教学资源，为学生自主学习开发了"U校园"APP，为教学评价提供"测、评、研"一体化的iTEST测试系统。

修订内容

《新经典日本语基础教程第二册（第三版）》主要修订内容如下。

1. 学习目标修订

参照《JF日语教育标准》，每课学习目标的前三项均以"能够……"的句式描述本课需要达成的任务，注重培养学生使用日语完成具体任务的能力。

2. 基础会话、应用会话、正文修订

对会话内容与现实生活的结合度、表达的自然性等方面进行了修订，力求学生能够学以致用，使用自然、地道的日语进行交流。

3. 句型、注解修订

句型、注解的解说部分以"接续""用法""释义""例句"的形式分条排列，简洁明了。"用法"解说简洁，体现该句型、注解的交际功能。"例句"部分，选用能够清楚体现该句型、注解交际功能的例句，替换非典型例句，修改表述不自然、不地道的例句；可以接续多种词类的句型、注解，各例句尽量使用接续词类不同的句子；融入思政内容，增加表达积极人生观、价值观的例句，以及包含二十大精神的例句。

4. 练习修订

练习部分修改非典型、不自然的题例，替换提示不明确的情景图片，并将练习任务具体化、多样化，使其更有针对性。

5. 其他修订

补充"关联词语"部分的读音，并在小知识栏目中加入中国文化元素及中国文化对日本文化的影响等内容。

在编写过程中，我们借鉴和吸收了众家之长，形成了自己的创新理念，但囿于学识和经验，在教材设计编写中尚存在不足之处。我们诚挚地希望业界专家和兄弟院校不吝赐教，提出批评和建议，敦促我们不断改进，以使本套教材日臻完善。

《新经典日本语基础教程》编写组

2024年3月

使用说明 💡

教材内容与教学安排简介

《新经典日本语基础教程第二册（第三版）》是日语专业一年级第二学期的基础课程用书。全书共16课，教师可按照1学期17周，每周6学时或8学时的课时设计课堂教学，1学期学完整本教材。

本教材是以主人公李明和杨欣欣（日语专业1年级学生）进入大学后的生活为主线展开叙述的。学生可以通过体验式学习，循序渐进地提高自己的日语运用能力。

教学建议

为了方便教师更好地使用本教材进行教学，我们以第1课的内容为例，提出本教材的几点使用建议。

在开始本课学习前，学生可以使用"U校园"APP线上学习，进行课前预习，线上视频课程包括该课的语法要点讲解、练习等内容。

学习目标	
❶ 能够使用日语谈论假期里发生的变化。	概括本课所涉及的内容，明确学习重点。学生在进入该课学习时，应先了解这部分内容。
❷ 能够使用日语介绍新学期的目标。	
❸ 能够使用日语表达主观决定或行为。	
❹ 了解日本的"律令制度"。	

语法要点	
❶ イAく なる。	❷ ナA に なる。
❸ N1 が N2 に なる。	❹ N を イAく する。
❺ N を ナA に する。	❻ N1 を N2 に する。
❼ N に する。	❽ 〜まま
❾ 自動詞・他動詞	

概括本课需要重点掌握的语法项目。

V

基础会话

1. A：顔色がよくなりましたね。病気はもう大丈夫ですか。
   B：おかげさまで、もう大丈夫です。
2. A：町がにぎやかになりましたね。
   B：そうですね。地下鉄の駅ができましたから。

> 以对话形式列出与"语法要点"相对应的短句，学生通过练习可以掌握在日常生活中的使用方法。

应用会话

应用会话1 冬休みの後、久しぶりの再会

寒假后，田中在校园里遇到了杨欣欣。

田中：楊さん、久しぶりですね。冬休みはどうでしたか。
楊　：私は毎日たくさん食べていたので、太りました。
田中：そうですか？あまり変わっていませんよ。

> 每课的学习重点。对"基础会话"的内容进行了拓展，设置了校园内外各种相关的话题，使用了与其相符的语法要点，以此来呈现自然的日语会话场景。

　　教师在设定好情景后，可以让学生先听录音，想象整体的情景，加深其对内容的理解，同时把握文化内涵，提高日语综合运用能力。教师可根据学生的具体情况，安排口头练习、角色扮演练习、总结内容等活动，锻炼学生的会话能力和表达能力。

基础会话单词

しょうがっこう 小学校③	[名]	小学
ひさ 久しぶり①⑤	[名・ナ形]	（隔了）好久，许久
きょういくがく 教育学④	[名]	教育学
せんもん 専門⓪	[名]	专业，专门
すす （お）勧め		推荐，建议

> "基础会话""应用会话1""应用会话2""正文""句型""注解""练习"部分，均附有各自的"单词"。希望学生不只是通过中文释义来理解单词含义，还要学会实际运用。

正文

張さんの目標

また、新しい学期が始まりました。私は来年、四年生になるので、将来を考えなければなりません。先学期は、目標が決まらないまま、冬休みになりました。今学期は、はっきり目標を決めたいと思います。私はやはり、日本語の先生になろうと思います。

概括了"应用会话 1""应用会话 2"的主要内容。进入该部分学习后，教师可要求学生先对"应用会话"部分的内容进行归纳、总结、陈述，然后让学生听"正文"录音进行对比，以此来找出不足。

句型

1. イAく なる。

用法：表示某种性质或状态的变化。

释义：变得……，变成……

例句

①今、大都市では土地の値段が大変高いですが、これからもっと高くなるでしょう。

②急に母の声が聞きたくなって、家に電話をしました。

③A：風邪は大丈夫ですか。B：ええ、おかげさまで、だいぶよくなりました。

④A：日本語の勉強はつまらないから、もう嫌です。

　B：そうですか。今はつまらないでしょうけど、だんだんおもしろくなりますよ。

对本课需要重点掌握的句型加以解释、说明，并各配有适量例句。例句的译文在"U 校园"课程板块呈现，上课时可以灵活处理。

注解

1. N（场所）を V（经过）

用法："を"是格助词，此处表示经过的场所。"を"后面使用表示移动的自动词，如"歩く""渡る""飛ぶ""泳ぐ"等。

例句

①山道を通って、古いお寺に着きました。

②子供の頃、鳥になって空を飛びたいと思っていました。

对本课需要重点掌握的表达形式、词语等加以解释、说明，并配有适量例句。

練習 **A** 替换练习。

1.

急に寒い→

空が暗い→   なりました。

最近、いろいろ挑戦したい→

练习 A 为仿照例句进行的替换练习，不设参考答案。在理解了"句型""注解"中的知识点后，立刻做该部分中的相应练习会更有效果。教师可根据学习者的实际情况指导学生进行练习，也可以适当增加练习题。

練習 **B** 看图，仿照例句进行会话练习。

1.

例 A：勉強が嫌になりました。
　　B：そうですか。

① 果物の値段

② 気温の変化

③

④

练习B为看图说话题。难度相对较大，要求学生结合插图，运用所学的知识进行会话练习。由于对插图的理解因人而异，教师上课应灵活运用，可以稍加提示，尽量使用日语。

練習 **C** 谈论寒假生活。

1. 分组讨论以下问题。

　Q1. 冬休みを有意義に過ごしましたか。何か目標を決めましたか。

　Q2. 冬休みの間に、どんなことをしましたか。

　Q3. 新学期が始まった時、あなたにどんな変化がありましたか。

练习C要求学生结合本课的语法要点和所学知识进行分组讨论，然后派代表归纳本组的讨论结果。课后要求学生根据讨论结果制作小视频或PPT、编对话或写短文等。

<table>
<tr><td colspan="2" align="center">**关联词语**</td></tr>
<tr>
<td>目标、活动</td>
<td>勉強する習慣を身につける、国内旅行／海外旅行をする、飲み会／同窓会をする、のんびりする、精一杯勉強する、早寝早起きをする、アニメ／ドラマを見る、アルバイトをする、家族と楽しく旧正月を過ごす、生活をおもしろくする、塾に通う、友達と会う</td>
</tr>
<tr>
<td>変化</td>
<td>成績がよくなる、勉強が嫌になる、大学に行きたくなくなる、気持ちがよくなる</td>
</tr>
</table>

该部分加入了关联词语，按照主题分类汇编。目的是扩充词汇量，以便更好地进行练习 C 中的讨论。

💡 小知识

日本的"律令制度"

在飞鸟时代和奈良时代，日本大规模吸收中国文化的同时，还借鉴了隋唐时期的律令法规，先后出台了《飞鸟净御原令》《大宝律令》《养老律令》等法令。这些法令明确了日本中央集权的国家性质，赋予天皇至高无上的权利与地位。同时，大和朝廷还模仿唐朝的三省六部制，在中央设立"二官八省"制，在地方设立国、郡、里，分别由国司、郡司、里长管理。经济方面，日本效仿唐朝的均田制，设立班田收授法和租庸调制。废除贵族的田庄及部民，把全国的土地和人民归为国家所有，改为"公地公民制"。

用专栏的形式简短地介绍了与本课话题相关的中日文化等的相关知识。

本书中的符号含义如下：

符号	日文含义	中文含义
N	名詞	名词
V	動詞	动词
イA	イ形容詞語幹	イ形容词词干
ナA	ナ形容詞語幹	ナ形容词词干
／	または	或者
［ ］	品詞	词类
（ ）	説明	解释

本教材作为高等院校日语专业使用的教材，主要考虑到教师使用和学习者学习方便，既重视中国日语教学的传统做法，又吸收了近年来日本的日语教育语法和国内日语语法教学改革的做法，对词类和动词活用做了如下规定。

单词部分的词类规定如下：

(1) 词类用日文表示，如［名］［ナ形］等。

(2) 一个词兼有两种以上词类时，中间用"·"隔开。

(3) 词类在本教材中的表现形式如下。

［名］名词	［代］代词	［助数］量词
［イ形］イ形容词	［ナ形］ナ形容词	［副］副词
［格助］格助词	［取り立て助］提示助词	［接助］接续助词
［終助］终助词	［助動］助动词	［連体］连体词
［連語］词组	［感］感叹词	［接頭］接头词
［接尾］接尾词	［接続］接续词	［自］自动词
［他］他动词	［五］五段活用动词	［上一］上一段活用动词
［下一］下一段活用动词	［カ］カ行变格活用动词	［サ］サ行变格活用动词

动词活用规定如下：

本教材	词例（書く）	学校语法	日语教育语法
ない形	書かない	未然形①＋助动词"ない"	ない形・否定形
意志形	書こう	未然形②＋助动词"う／よう"	意志形
连用形Ⅰ	書き	连用形①	ます形
连用形Ⅱ	書い	连用形②	て形・た形
基本形	書く	终止形	基本形・辞典形
连体形	書く	连体形	基本形・辞典形
命令形	書け！	命令形	命令形
ば形	書けば	假定形＋接续助词"ば"	ば形・假定形
可能形	書ける	可能动词	可能形
被动形	書かれる	未然形①＋助动词"れる／られる"	被动形
使役形	書かせる	未然形①＋助动词"せる／させる"	使役形

目录 🔍

>课<	>交际<
2 第1課 冬休み	
	假期生活
18 第2課 勉強	
	学习情况及方法
36 第3課 英会話	
	外语学习班
52 第4課 小テスト	
	考试相关情况
68 第5課 文化祭	
	大学生的课余活动
86 第6課 社会見学	
	参观公共场所时的注意事项
100 第7課 協力	
	请求他人帮助
116 第8課 病院で	
	看病

〉语法知识〈	〉相关词汇〈	〉社会文化常识〈
日语自动词和他动词	目标、活动、变化	日本古代的"律令制度"
动作发生时间的表达形式1	课前预习方法、课上学习方法、课后复习方法	日本的"端午の節句"
动作发生时间的表达形式2	学习英语会话的契机、英语会话的练习方法、和外国人用英语交流的感想、英语会话考试的结果	日本的"五大昔話"
常用补助动词	考前准备、目标、反思	日本的"稲作文化"
决定或规定的表达形式	大学活动、开展方式、感兴趣的原因	日本的"俳句"
目的、目标、命令的表达形式 动词命令形	参观用语、禁止事项	日本的"能"与"狂言"
授受关系的表达形式	期望的事、他人的协助、成果和感想	日本的"陶器"与中国文化
推测的表达形式	疾病、症状、医治方法、亲友和同学的帮助	日本的"冠婚葬祭"

	>课<	>交际<
132	**第9課　アルバイト**	
		打工前后
148	**第10課　旅行**	
		山东曲阜之旅
164	**第11課　誕生日**	
		策划及举办生日会
180	**第12課　事件**	
		被盗事件
194	**第13課　部活**	
		社团活动
214	**第14課　研修**	
		职场实习
228	**第15課　ゼミ**	
		选课与课堂汇报
250	**第16課　忘年会**	
		策划及举办"忘年会"
270	**附録**	

>语法知识<	>相关词汇<	>社会文化常识<
推测及传闻的表达形式	兼职地点、理由	日本的"茶道（さどう）"
条件句的表达形式1 假定形	旅行时间、旅行地点、旅行伙伴、喜欢旅行的理由	儒家思想与中日文化交流
条件句的表达形式2	礼物的种类、功能、感情	鉴真和尚东渡
被动句的表达形式 动词被动形	事故类别、事故原因	日本的"遣隋使（けんずいし）"和"遣唐使（けんとうし）"
使役句的表达形式 动词使役形	社团、任务	日本的"三名園（さんめいえん）"
使役句和授受关系句相结合的表达形式 动词使役被动形	毕业后的计划、理想的就业单位、选择就业单位的理由	日本的"漢詩（かんし）"
日语敬语的表达形式1	课型、课堂汇报的准备、课堂汇报时的注意事项	汉语"敬辞"和日语"尊敬語（そんけいご）"
日语敬语的表达形式2	"忘年会"的流程、"忘年会"干事的职责	汉语"谦辞"和日语"謙讓語（けんじょうご）"

"新经典日本语"系列教材编写委员会

编委会顾问

　　刘利国

编委会主任

　　于　飞

编委会副主任

　　王　猛　刘晓华

编委（以汉语拼音为序）

出场人物介绍

李明
（中国，北京）
○○大学日语专业
一年级学生

男主人公

同班同学

女主人公

学妹

杨欣欣
（中国，上海）
○○大学日语专业
一年级学生

学生

朋友

朋友

朋友

日语老师

丈夫 妻子

学长

铃木老师
（日本，东京）
○○大学教授

玛丽
（美国，纽约）
A公司职员

木下
（日本，大阪）
○○大学留学生

田中
（日本，东京）
○○大学留学生

小金
（韩国，首尔）
B公司职员

小张
（中国，北京）
○○大学日语专业
三年级学生

第 **1** 課 冬休み

学习目标

❶ 能够使用日语谈论假期里发生的变化。

❷ 能够使用日语介绍新学期的目标。

❸ 能够使用日语表达主观决定或行为。

❹ 了解日本的"<ruby>律令<rt>りつりょうせい</rt></ruby><ruby>制度<rt>ど</rt></ruby>"。

语法要点

❶ イAく なる。

❸ N1 が N2 に なる。

❺ N を ナA に する。

❼ N に する。

❾ 自動詞・他動詞

❷ ナA に なる。

❹ N を イAく する。

❻ N1 を N2 に する。

❽ ～まま

基础会话

1. A：顔色がよくなりましたね。病気は
　　　もう大丈夫ですか。

　　B：おかげさまで、もう大丈夫です。

2. A：町がにぎやかになりましたね。

　　B：そうですね。地下鉄の駅ができま
　　　したから。

3. A：将来、何になりたいですか。

　　B：私は小学校の先生になりたいと思
　　　っています。

4. A：久しぶりですね。あれ、髪を切り
　　　ましたか。

　　B：はい、少し短くしました。

5. A：今日の午後、友達が来るんです。

　　B：じゃあ、早く部屋をきれいにしましょう。

6. A：私は教育学を専門にしたいと思っています。

　　B：じゃあ、この本がお勧めですよ。

7. A：最近、大気汚染のニュースが話題になっていますね。

　　B：そうですか。じゃあ、来週の授業のテーマは環境問題にしましょうか。

8. A：座ったまま読んでもいいですか。

　　B：いいえ、立って読んでください。

9. A：ドアを開けてください。荷物を持っているので、手が塞がっていまして……

　　B：あれっ、開きませんよ。鍵がかかっていますね。

基础会话单词

小学校③	[名]	小学
久しぶり⓪⑤	[名・ナ形]	（隔了）好久，许久
教育学④	[名]	教育学
専門⓪	[名]	专业，专门
（お）勧め		推荐，建议
大気汚染④	[名]	大气污染
話題⓪	[名]	话题
環境問題⑤	[名]	环境问题
塞がる⓪	[自五]	占用；堵塞
かかる②	[自五]	上锁

应用会话

应用会話1　冬休みの後、久しぶりの再会

寒假后，田中在校园里遇到了杨欣欣。

田中：楊さん、久しぶりですね。冬休みはどうでしたか。

楊　：私は毎日たくさん食べていたの
　　　で、太りました。

田中：そうですか？あまり変わっていま
　　　せんよ。

楊　：コートを着ているからですよ。実
　　　はウエストが太くなりました。田
　　　中さんは元気でしたか。

田中：私は今朝、急に頭が痛くなって……たぶん風邪です。

楊　：大丈夫ですか。部屋を暖かくして、よく休んだほうがいいですよ。

田中：ありがとうございます。ストーブを使っていますから、大丈夫です。

楊　：でも、ストーブをつけたまま、寝ちゃいけませんよ。危ないですから。

応用会話1単词

ウエスト⓪②	[名]	腰围
太い②	[イ形]	粗
急⓪	[名・ナ形]	突然；紧急
ストーブ②	[名]	火炉，暖炉
つける②	[他下一]	点燃

応用会話2　新学期の目標について話し合う

杨欣欣和学长小张谈起新学期的学习目标。

楊　：張先輩、日本語の書き言葉は難し
　　　いですね。作文はなかなか上手に
　　　なりません。嫌になります。

張　：楊さんの気持ちはよく分かりま
　　　す。私もそうでしたから。でも、
　　　先学期は、作文の成績がすごく上
　　　がりました。

応用会話2単词

書き言葉③	[名]	书面语
作文⓪	[名]	作文
先学期③	[名]	上学期
上がる⓪	[自五]	提高，上升
羨ましい⑤	[イ形]	(令人)羡慕
上げる⓪	[他下一]	提高

楊　：えー、それは羨ましいですね。私も作文の成績を上げたいなあ。何かいい方法が
　　　あるんですか。

張　：そうですね。私は先学期、日本語
　　　の本をたくさん読みましたが……

楊　：本ですか……私は読むのがあまり
　　　好きではありません。

張　：そうですか。成績を上げるのも大
　　　切ですが、まずは勉強を楽しんだ
　　　ほうがいいですよ。楊さんは、会
　　　話が得意ですよね。

楊　：はい、話すのは大好きです。私は日本語の発音を完璧にしたいです。

張　：じゃあ、日本のニュースのアナウンサーをお手本にするのがいいですね。

楊　：はい、じゃあ、今学期は、日本のニュースを聞いて、きれいな発音を目標にしま
　　　す。

応用会話2単词

なあ①	[終助]	啊!(表示愿望、感动等)
大好き①	[名・ナ形]	非常喜欢
完璧⓪	[名・ナ形]	完美
アナウンサー③	[名]	播音员
手本②	[名]	榜样，模范
今学期③	[名]	这学期
目標⓪	[名]	目标

正文

張さんの目標

　また、新しい学期が始まりました。私
は来年、四年生になるので、将来を考え
なければなりません。先学期は、目標が
決まらないまま、冬休みになりました。
今学期は、はっきり目標を決めたいと思
います。私はやはり、日本語の先生にな
ろうと思います。ですから、日本語の教
え方の勉強を始めようと思います。ま
ず、教科書を一冊買って、基礎知識を身
につけます。それから、卒論の研究テー
マも見つけたいと思っています。今は、

正文単词

決まる⓪	[自五]	决定，规定
教え方⓪	[名]	教法，教学方法
教科書③	[名]	教科书
基礎①②	[名]	基础
知識①	[名]	知识
身に付ける	[連語]	掌握
卒論⓪	[名]	毕业论文
音声①	[名]	语音，声音
関心⓪	[名]	关心
分野①	[名]	领域
論文⓪	[名]	论文
自身①	[名]	自己
光陰矢のごとし		光阴似箭

日本語の音声に関心があるので、その分野の論文を読むつもりです。先日、後輩の楊さんから、勉強方法について相談がありました。私は、「まずは勉強を楽しんだほうがいい」とアドバイスをしました。私自身も、この言葉を忘れないで、楽しく勉強したいと思います。「光陰矢のごとし」、時が経つのは速いです。今のこの気持ちを大切にして、頑張ります。

句型

1. イAく　なる。

　　用法：表示某种性质或状态的变化。

　　釈义：变得……，变成……

　　例句

　　①今、大都市では土地の値段が大変高いですが、これからもっと高くなるでしょう。

　　②急に母の声が聞きたくなって、家に電話をしました。

　　③A：風邪は大丈夫ですか。B：ええ、おかげさまで、だいぶよくなりました。

　　④A：日本語の勉強はつまらないから、もう嫌です。

　　　B：そうですか。今はつまらないでしょうけど、だんだんおもしろくなりますよ。

2. ナA　に　なる。

　　用法：表示某种性质或状态的变化。

　　釈义：变得……，变成……

　　例句

　　①A：この辺はうるさいですね。

　　　B：確かに、昼はうるさいんですけど、夜はとても静かになるんですよ。

　　②A：本当に困りましたね。どうしましょう。

　　　B：落ち着いてください。まずは冷静になりましょう。

　　③祖父は病院で治療を受けて、すっかり元気になりました。

　　④中国共産党と中国人民は今、大きな自信を持って、中華民族が立ち上がり、豊かになり、強くなるという偉大な飛躍を遂げている。

3. N1 が N2 に なる。

　　用法：表示某种性质或状态的变化。

　　释义：变得……，变成……

　　例句

　　①A：お父さんはどうしたんですか。　B：働きすぎて、病気になったんです。

　　②この辺りは、昔は海だったのですが、今は公園になっています。

　　③ピアニストになりたいので、子供の時からピアノを習っています。

　　④小さい時の夢は早く大人になることでした。でも、今の夢は子供の頃に戻ることです。

4. N を イAく する。

　　用法：表示通过人的意志性动作改变人或事物的状态。

　　释义：把……做成，把……变为……

　　例句

　　①A：肉が焦げました。B：火をもっと弱くしたほうがいいですよ。

　　②A：部屋の温度はどうですか。もっと暖かくしましょうか。

　　　B：いいえ、大丈夫です。

　　③日本ではビールを冷たくして飲むのが普通です。

　　④党中央は党の政治建設を強化し、政治規律と政治規則を厳しくしている。

5. N を ナA に する。

　　用法：表示通过人的意志性动作改变人或事物的状态。

　　释义：把……做成，把……变为……

　　例句

　　①友達が来るので、部屋をきれいに掃除しました。

　　②先生はいつも「毎日の大学生活を大切にしてください」と言っています。

　　③そんなに話を大げさにしないでください。大したことじゃないですから。

　　④A：緊張しました。B：肩の力を抜いて、気持ちを楽にしてください。

6. N1 を N2 に する。

　　用法：表示通过人的意志性动作改变人或事物的状态。

　　释义：把……做成……，把……变为……

例句

①世の中には子供を立派な人にしたいと考えている親が多いです。

②じゃあ、今日は30ページの問題を宿題にします。

③父はいつもタコをおつまみにして、ビールを飲んでいます。

④子供の頃、よく母のおなかを枕にして寝ていました。

7. N に する。

用法：表示人的主观决定或选择。

释义：决定……，选择……

例句

①いろいろ迷いましたが、やはりー番安いのにします。

②A：茶碗って、いろいろありますね。どれにしましょうか。

　B：これはどうですか。丸い形をしていて、かわいいでしょ？

③A：李さん、何にしますか。B：私は親子丼にします。

④A：赤も緑も好きだけど、どっちにしようかな。

　B：そうですね。でも、井上さんには、赤のほうが似合いますよ。

8. ～まま

接続：

分类	词例	肯定	否定
◆名词	昔	昔の	—
◆动词	分かる	分かった	分からない
◆イ形容词	冷たい	冷たい	—
◆ナ形容词	不便	不便な	—

用法：表示未发生变化，保持同一种状态。

释义：照原样……

例句

①火事だと思って、パジャマのまま外へ飛び出しました。

②この街は昔と同じで、不便なままです。

③口に食べ物をいっぱい入れたまま、しゃべってはいけません。

④山下さんから連絡がないまま、1か月経ちました。

9.　自動詞・他動詞

用法：动词按照前面是否出现宾语分为自动词和他动词。一般情况下，出现宾语（Nを）的动词为他动词，多含有人的主观意志；不出现宾语（Nを）的动词为自动词，多不含人的主观意志。即：

① 花が咲く。　　　　　　　　　N＋が＋自動詞（不含有人的主观意志）

（私が）本を読む。　　　　　（N1＋が）N2＋を＋他動詞（含有人的主观意志）

②風でドアが開きました。

　　李さんはドアを開けました。

自、他动词对应情况很多，如：

③A．たくさんの人が広場に集まりました。

　B．私の趣味は切手を集めることです。

④A．うちの大学の図書館は6時に閉まります。

　B．ドアを閉めてください。

⑤A．日本の大学は4月から始まると聞きました。

　B．先生はすぐに授業を始めました。

⑥A．あの少年は川に落ちましたが、助かりましたよ。

　B．私を助けてください。本当に困っているんです。

还有一种同时具有自、他动词两种词性的情况，如"笑う"。例如"A．大口を開けて笑う。

B．人の失敗を笑う"。当然，也有自、他动词不对应的情况，如"書く"没有对应的自动词。

句型单词

大都市③	[名]	大都市	自信⓪	[名]	自信，把握
土地⓪	[名]	土地	持つ①	[他五]	抱有，怀有
だいぶ⓪	[副]	相当	中華民族④	[名]	中华民族
だんだん⓪	[副]	渐渐，逐渐	立ち上がる⓪④		
確か①	[ナ形]	的确，确实		[自五]	站起来；奋起
落ち着く⓪	[自五]	沉着，镇静	豊か①	[ナ形]	富裕
冷静⓪	[名・ナ形]	冷静，镇静	強い②	[イ形]	强，有力量
祖父①	[名]	祖父，外祖父	～という～	[連語]	表示内容
治療⓪	[名・他サ]	治疗，医治	偉大⓪	[ナ形]	伟大
すっかり③	[副]	完全	飛躍⓪	[名・自サ]	飞跃，跃进
中国共産党①-⓪			遂げる②⓪	[他下一]	达到，完成，实现
	[名]	中国共产党	辺り①	[名]	附近，周围
人民③	[名]	人民	ピアニスト③	[名]	钢琴家

句型单词

焦げる②	[自下一]	烧焦		かわいい③	[イ形]	可爱
火①	[名]	火		親子丼④	[名]	鸡肉鸡蛋盖饭
弱い②	[イ形]	弱，微弱		赤①	[名]	红色
党中央①-⓪	[名]	党中央		どっち①	[代]	（"どちら"的口语
党①	[名]	党，政党				表达形式）哪个
政治建設④	[名]	政治建设		かな	[終助]	表示疑问
強化①⓪	[名・他サ]	强化，加强		似合う②	[自五]	合适，相称
政治規律④	[名]	政治纪律		火事①	[名]	火灾
政治規則④	[名]	政治规矩		パジャマ①	[名]	睡衣
大げさ⓪	[名・ナ形]	夸张，夸大		飛び出す③	[自五]	跑出去
大した①	[連体]	了不起		口⓪	[名]	嘴，口
肩①	[名]	肩膀，肩部		しゃべる②	[自他五]	说话，闲聊；唠
力を抜く	[連語]	放松				叨，喋喋不休
楽②	[名・ナ形]	舒服，舒适；容		連絡⓪	[名・自他サ]	联系
		易，轻松		広場①	[名]	广场
世の中②	[名]	世上，社会		集まる③	[自五]	聚集
ページ⓪	[名・助数]	页码		閉まる②	[自五]	关闭；闭店
タコ①	[名]	章鱼		落ちる②	[自上一]	掉，落
（お）つまみ		下酒菜		助かる③	[自五]	得救，脱险；省
枕①	[名]	枕头				力，省事
茶碗⓪	[名]	茶杯，碗		助ける③	[他下一]	帮助；救助
丸い⓪	[イ形]	圆，圆形		大口⓪	[名]	大口
形⓪	[名]	形状		笑う⓪	[自他五]	笑；嘲笑
～をしている		表示外形、颜色、				
		样态等				

注 解

1. N（场所）を V（经过）

用法："を"是格助词，此处表示经过的场所。"を"后面使用表示移动的自动词，如"步く""渡る""飛ぶ""泳ぐ"等。

例句

①山道を通って、古いお寺に着きました。

②子供の頃、鳥になって空を飛びたいと思っていました。

③お金持ちになって、両親を連れて世界中を旅行するのが多くの人の夢です。

④今度の試合に出る選手たちは毎日運動場を走って、練習をしています。

注解単词

山道②	[名]	山路	（お）金持ち	[名]	有钱人，富人
通る①	[自五]	走过，通过	連れる⓪	[他下一]	带，领
（お）寺	[名]	寺庙	世界中⓪	[名]	全世界
鳥⓪	[名]	鸟	試合⓪	[名]	比赛
空①	[名]	天空	出る①	[自下一]	出场，参赛
飛ぶ⓪	[自五]	飞，飞翔	選手①	[名]	选手

練習 Ⓐ 替換練習。

1.

急に寒い→

空が暗い→　　　　　　　　　　　なりました。

最近、いろいろ挑戦したい→

2.

空気が新鮮だ→

周りが静かだ→　　　　　　　　　　なりました。

道がきれいだ→

3.

　　　　　　　　大学の教師→

私の夢は　　　　立派な医者→　　　　になることです。

　　　　　　　　宇宙飛行士→

4.

値段		もう少し安い→	
髪	を	もう少し短い→	してくださいませんか。
話し声		もっと小さい→	

5.

学生が毎朝教室をきれいだ→	掃除しています。
花子はお母さんからもらったかばんを大切だ→	しています。
お店をたくさん作って、この商店街をにぎやかだ→	したいです。

6.

時計		贈り物→	
授業	を	休講→	にしましょう。
環境問題		テーマ→	

7.

	一番小さいの→	
いろいろ考えましたが、やはり	黄色→	にします。
	スマホ→	

8.

ガス		つける→	
窓	を	開ける→	ままにしないでください。
パソコンの電源		入れる→	

9.

いろいろな所		ぶらぶらしたい。
公園	を	散歩したい。
地球は太陽の周り		回っている。

练习 Ⓑ **看图，仿照例句进行会话练习。**

1.

> 例 A：<u>勉強が嫌になりました</u>。
> 　　B：そうですか。

　　　　① 　　　　　　② 　　　　　　③ 　　　　　　④

2.

> 例 A：王さんの夢は何ですか。
> 　　B：そうですね。<u>幼稚園の先生</u>になることです。

　　　　① 　　　　　　② 　　　　　　③ 　　　　　　④

3.

> 例 A：<u>この絵は小さすぎますね</u>。
> 　　B：そうですね。じゃ、<u>大きくしましょう</u>。

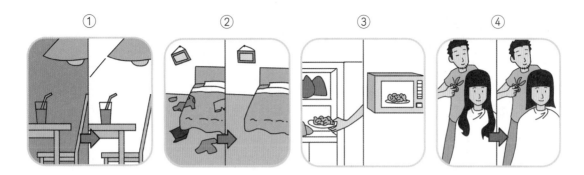

4.

㋑ A：冬休みの間、どこかへ旅行に行きますか。

B：はい。いろいろな所を考えましたが、やはり<u>上海</u>にしよう
　　かなと思っています。

5.

㋑ A：あれ、王さんが<u>開けた</u>んですか。

B：いいえ、最初から<u>開いていた</u>んですよ。

练习 **C** 谈论寒假生活。

1. 分组讨论以下问题。

　　Q1. 冬休みを有意義に過ごしましたか。何か目標を決めましたか。

　　Q2. 冬休みの間に、どんなことをしましたか。

　　Q3. 新学期が始まった時、あなたにどんな変化がありましたか。

2. 归纳小组讨论的结果，并填入下表。

目標	やったこと	変化
日本語の聴解力を上げる	日本語のニュースを毎日聞いた	字幕がなくても日本語の映画が分かるようになった

3. 介绍自己的寒假生活，并整理成一篇文章。

关联词语

目标、活动	勉強する習慣を身につける、国内旅行／海外旅行をする、飲み会／同窓会をする、のんびりする、精一杯勉強する、早寝早起きをする、アニメ／ドラマを見る、アルバイトをする、家族と楽しく旧正月を過ごす、生活をおもしろくする、塾に通う、友達と会う
変化	成績がよくなる、勉強が嫌になる、大学に行きたくなくなる、気持ちがよくなる

练习单词

挑戦⓪（ちょうせん）	[名・自サ]	挑战
周り⓪（まわり）	[名]	周围，四周
宇宙飛行士⑤（うちゅうひこうし）	[名]	宇航员
話し声④（はなごえ）	[名]	说话声
商店街③（しょうてんがい）	[名]	商业街
贈り物⓪（おくりもの）	[名]	礼物
休講⓪（きゅうこう）	[名・自サ]	停课
黄色⓪（きいろ）	[名]	黄色
ガス①	[名]	煤气
入れる⓪	[他下一]	打开(电源)；点(火)
ぶらぶら①	[副・自サ]	闲逛，漫步；赋闲，闲待着
地球⓪（ちきゅう）	[名]	地球
太陽①（たいよう）	[名]	太阳
回る⓪（まわる）	[自五]	转，旋转

気温⓪（きおん）	[名]	气温
幼稚園③（ようちえん）	[名]	幼儿园
カメラマン③	[名]	摄影师
料理人⓪③（りょうりにん）	[名]	厨师
割る⓪（わる）	[他五]	摔碎，弄碎
割れる⓪（われる）	[自下一]	碎，破碎
壊す②（こわす）	[他五]	毁坏，弄坏
落とす②（おとす）	[他五]	摔下，往下扔
こぼす②	[他五]	倒出，弄洒
こぼれる③	[自下一]	溢出，洒出
有意義③（ゆういぎ）	[名・ナ形]	有意义，有价值
間⓪（あいだ）	[名]	期间，时候
変化①（へんか）	[名・自サ]	变化
聴解力③（ちょうかいりょく）	[名]	听解能力
字幕⓪（じまく）	[名]	字幕

小知识

日本的"律令制度"（りつりょうせいど）

在飞鸟时代和奈良时代，日本大规模吸收中国文化的同时，还借鉴了隋唐时期的律令法规，先后出台了《飞鸟净御原令》《大宝律令》《养老律令》等法令。这些法令明确了日本中央集权的国家性质，赋予天皇至高无上的权利与地位。同时，大和朝廷还模仿唐朝的三省六部制，在中央设立"二官八省"制，在地方设立国、郡、里，分别由国司、郡司、里长管理。经济方面，日本效仿唐朝的均田制，设立班田收授法和租庸调制。废除贵族的田庄及部民，把全国的土地和人民归为国家所有，改为"公地公民制"。

在天智、天武、持统等天皇的努力下，奈良时代的日本一定程度上建立了中央集权的国家体制，完善了国家的统治制度。然而，由于律令制建立时并没有废除日本原有氏族共同体的社会形态，因此从实施之初，就隐藏着先进的政治制度与落后的经济社会发展之间不平衡的矛盾。8世纪末，日本各地又重新出现了圈占土地、私占农民的情况。大和朝廷为防止荒地的大量出现，只能通过修改律令的方式，承认"私地私民"。而这种土地、人民私有状况进一步发展后，就产生了以大规模土地私有为特征的庄园，以及拥有大量财富的贵族和武士群体。虽然日本律令制名存实亡，但律令制的影响依旧存在，太政官、神祇官等行政机构一直持续到后世，很多法律条款成为后世审判犯罪事件、制定新的法律法规的标准。

第 **2** 課 勉強

1 能够使用日语谈论学习情况。

2 能够使用日语讨论缓解压力的方法。

3 能够使用日语表达事情发生的时间和先后顺序。

4 了解日本的"端午の節句"。

语法要点

1 ～時、～。

2 ～前に、～。

3 ～後で、～。

4 ～まで

5 ～までに

6 Ｖ 始める／続ける／終わる／終える。

7 ～ついでに、～。

8 Ｖ ながら、～。

基础会话

1. Ａ：高校生の時、どの教科が好きでしたか。

　　Ｂ：私は数学が好きでした。

2. Ａ：スポーツクラブに通っているんですか。

　　Ｂ：はい、勉強で疲れた時は、そこで汗を流しています。

3. Ａ：インターネットで調べる前に、自分で考えたほうがいいですよ。

　　Ｂ：確かにそうですね。

4. Ａ：留学するかどうかはやはり親と相談した後で、決めます。

　　Ｂ：そのほうがいいと思います。

5. Ａ：この本を来週まで借りてもいいですか。

　　Ｂ：はい、いいですよ。

6. Ａ：レポートは来週の月曜日までに出してください。

　　Ｂ：月曜日ですか。無理ですよ。

7. Ａ：最近、体重が増え続けています。

　　Ｂ：ダイエットを始めたほうがいいですね。

8. Ａ：コンビニにお弁当を買いに行きますが、ついでに王さんのも買いましょうか。

　　Ｂ：ありがとうございます。お願いします。

9. Ａ：ご飯を食べながら教科書を読むのは体に悪いですよ。

　　Ｂ：でも、明日の試験が心配なんです。

基础会话单词

高校生③	［名］	高中生
教科①	［名］	课程，科目
数学⓪	［名］	数学
スポーツクラブ⑤	［名］	健身房，运动俱乐部
流す②	［他五］	流（出）
出す①	［他五］	交，提交
体重⓪	［名］	体重
増える②	［自下一］	增加
（お）弁当	［名］	盒饭
心配⓪	［名・他サ・ナ形］	担心

応用会話

応用会話1　宿題に取り組む

.... 杨欣欣和李明谈起了作业的相关情况。...

楊　：今週は宿題が本当にたくさんあります。

李　：今日、楊さんはずっと宿題をしていますね。まだ終わらないんですか。

楊　：作文は書き終わりました。でも、発表の準備はまだ終わっていません。

李　：もう5時半ですよ。ご飯を食べませんか。

楊　：え、もう5時半？今日、図書館は何時まで開いていますか。

李　：今日は土曜日ですから、6時までですね。

楊　：あっ、大変。私はこの本を明日までに図書館に返さなくてはいけません。明日は一日中出かけますから、今行かなければいけません。

李　：じゃあ、明日、私が行きますよ。自分の本を返すついでに、楊さんの本も返します。

楊　：それは助かります。じゃあ、お願いしますね。

応用会話1単词		
ずっと⓪	［副］	一直
あっ①	［感］	哎呀（表示惊讶、感叹）
～中（じゅう）	［接尾］	全，整个（表示范围）

応用会話2　テスト勉強

.... 杨欣欣和李明谈起了备考的相关情况。...

楊　：もうすぐ暗唱テストがありますね。李さんは自信がありますか。

李　：暗唱はけっこう得意です。楊さんは？

楊　：私は自由に話すのは好きですが、暗唱はちょっと……李さんはどうやって文章を覚えるんですか。

応用会話2単词		
けっこう①	［副］	相当，很好地
暗記（あんき）⓪	［名・他サ］	背，背诵
繰り返す（くりかえす）③⓪	［他五］	反复，重复
録音（ろくおん）⓪	［名・他サ］	录音
ストレス②	［名］	紧张，压力
たまる⓪	［自五］	增多，积存

李　：私はいつも寝る前に文章を暗記します。眠くなるまで頭の中で繰り返します。

楊　：そうですか。私は、夜は眠くて無理ですね。朝、散歩をしながら録音を聞いて覚えます。

李　：それもいい方法ですね。

楊　：試験の時はいつも緊張して困ります。ストレスがたまりますね。

李　：じゃあ、試験が終わった後、一緒にカラオケに行きましょう。

正文

ストレス解消法

　皆さんはストレスがたまった時は、どうしますか。試験の時には特にストレスを感じますよね。そういう時は、おいしいものをたくさん食べてストレスを解消する人が多いでしょう。でも、食べすぎるのは、体によくありません。一番いいストレス解消法はカラオケだと思います。私は試験が終わって教室を出た後、すぐにカラオケに行きます。カラオケでは、中国語の歌と英語の歌をよく歌います。日本語の歌も少し歌います。日本人の友達が歌うのを聞いて、まねしています。得意なのはリズム感のある曲です。友達と一緒に歌いながら踊るのは最高です。歌い終わった後は、本当に気分がよくなって、たまっていたストレスも無くなります。でも、寮の門限は10時です。それまでに帰らなければならないのが残念です。本当は、朝まで歌い続けたい気分なのですが、仕方がありません。

正文単词

特に①	[副]	特，特别
感じる⓪	[他上一]	感觉，感到
解消⓪	[名・自他サ]	解除
解消法⓪	[名]	缓解方法
まね⓪	[名・自他サ]	模仿
リズム感③	[名]	节奏感
無くなる⓪	[自五]	完，耗尽； 丢失，遗失
門限③	[名]	关门时间
仕方がない	[連語]	没有办法

句 型

1. ～時、～。

接続: 动词连体形／イ形容词基本形／ナ形容词词干な／名词の　時

用法: 表示动作发生或状态出现的时间。

释义: 在……时候

例句

①子供の時、よく兄と川で釣りをしていました。

②寂しい時、いつも明るい曲を聞きます。

③仕事が暇な時、スポーツをしたり、音楽を聞いたりして、ストレスを解消します。

④日本人はご飯を食べる時には「いただきます」と言い、ご飯を食べ終わった時には「ごちそうさま」と言います。

⑤道が分からない時には、電話してください。

⑥中国共産党第二十回全国代表大会は、二つ目の百周年の奮闘目標を目指して突き進む肝心な時に開催を迎えた非常に重要な大会である。

2. ～前に、～。

接続: 动词基本形／名词の　前に

用法: 表示某动作发生之前发生了另一个动作。

释义: 在……之前

例句

①人を訪ねる前には、相手の都合を聞いたほうがいいですよ。

②警察が来る前に、犯人は逃げました。

③会議の前に、秘書は資料をコピーしました。

④運動会の前に、選手たちは一生懸命練習しました。

3. ～後で、～。

接続: 动词连用形Ⅱた／名词の　後で

用法: 表示某动作发生之后发生了另一个动作。

释义: 在……之后

例句

①A：授業の後で、話がありますから、事務室へ来てください。

　B：はい、分かりました。

②A：免許は大学時代に取ったんですか。

　B：いいえ、卒業した後で取ったんですよ。

③A：今、昼ご飯を食べますか。

　B：いいえ、この仕事が終わった後で食べます。

④A：スピーチ大会に参加しますか。

　B：そうですね。先生に相談した後で決めたいと思います。

4.　～まで

接続：动词基本形／名词　まで

用法：表示动作或状态持续的时间。

释义：到……

例句

①来年の2月まで日本にいる予定です。

②けがが治るまで、動いてはいけません。

③怠け者の弟は、週末いつも午前10時まで寝ています。

④A：ここにもペンキを塗ったんですか。

　B：ええ、そうです。乾くまで触らないでくださいね。

5.　～までに

接続：动词基本形／名词　までに

用法：表示动作的截止日期，也可以表示在特定的时间之前发生了某个动作，或呈现出某种状态。

释义：在……之前

例句

①新学期が始まるまでに、教科書を買ってください。

②いつまでに宿題を出さなくてはいけないんですか。

③このプロジェクトが完成するまでに、多くの人が亡くなりました。

④社会主義現代化強国の全面的完成に向けた戦略構想の第一段階の目標は、2020年から
　2035年までに社会主義現代化を基本的に実現することである。

6. V 始める／続ける／終わる／終える。

接続: 动词连用形Ⅰ　始める／続ける／終わる／終える

用法: "～始める"表示动作或变化的开始；"～続ける"表示动作或变化的持续；"～終わる"表示动作或变化的结束，强调结果；"～終える"表示动作或变化的结束，强调意志。

释义: 开始……；继续……；……完了；做完……

例句

①雨が降り始めたので、傘を差しました。

②卒業しても、日本語を勉強し続けるつもりです。

③A：今の薬を飲み終わった後で、もう一度来てください。

　B：はい、分かりました。

④今日中にレポートを書き終えようと思います。

7. ～ついでに、～。

接続: 动词连体形／名词の　ついでに

用法: 表示利用某个机会顺便做某事。

释义: ……的同时，顺便……

例句

①洗濯するついでに、お風呂も掃除しました。

②買い物のついでに、郵便局に寄ります。

③近くに来たついでに、田中さんを訪ねました。

④A：明日田中さんに会います。

　B：そうですか。じゃあ、ついでに、この本を田中さんに返してください。

8. V ながら、～。

接続: 动词连用形Ⅰ　ながら

用法: 表示在做前项动作的同时做后项动作，句子的重点为后项。

释义: 一边……一边……

例句

①母はいつも料理の本を見ながら料理を作ります。

②小さい頃は、よくテレビを見ながら学校の宿題をしました。

②私は、喫茶店でコーラを飲みながら勉強するのが好きです。

④昨日、授業が終わった後で、日本語の先生と歩きながら、日本語でおしゃべりをしました。

句型单词

寂しい③	[イ形]	寂寞，无聊	ペンキ⓪	[名]	油漆
全国代表大会①-⑤			塗る⓪	[他五]	涂
	[名]	全国代表大会	乾く②	[自五]	干
〜目	[接尾]	第……（表示顺序）	触る⓪	[自五]	触，碰，摸
〜周年	[接尾]	……周年	新学期③	[名]	新学期
奮闘⓪	[名・自サ]	奋斗，努力	プロジェクト②③		
目指す②	[他五]	以……为目标		[名]	项目，工程
突き進む④	[自五]	突进，冲进	亡くなる⓪	[自五]	去世
肝心⓪	[名・ナ形]	首要，关键	社会主義現代化⓪		
開催⓪	[名・他サ]	召开，举办		[名]	社会主义现代化
非常⓪	[名・ナ形]	紧急，紧迫；非常，特别	強国⓪	[名]	强国
			全面的⓪	[ナ形]	全面的
重要⓪	[名・ナ形]	重要，要紧	向ける⓪	[他下一]	向着，朝着
大会⓪	[名]	大会	戦略⓪	[名]	战略，策略
訪ねる③	[他下一]	拜访	構想⓪	[名]	构想，设想
逃げる②	[自下一]	逃跑	第一①	[名・副]	首先，第一；首要，最重要
秘書②①	[名]	秘书			
コピー①	[名・他サ]	复印，拷贝	段階⓪	[名]	阶段，步骤；等级
運動会③	[名]	运动会	基本的	[ナ形]	基本的
事務室②	[名]	办公室	差す①	[他五]	打，撑
免許①	[名]	执照，许可，批准	おしゃべり②	[名・自サ・ナ形]	
治る②	[自五]	治好，痊愈			闲谈，聊天；多嘴多舌（的人），健谈（的人）
怠け者⓪⑤	[名]	懒汉			

注 解

1. N 中

用法：“中”为接尾词，接在表示时间或空间的名词后，表示时间或空间的整个范围。例④中“午前中”读作“ごぜんちゅう”。

释义：全，整个

例句

①昨日は一日中、ずっと勉強していました。

②部屋中、本でいっぱいです。

③世界中の子供たちがみんな幸せになることが私の希望です。

④午前中は、図書館にいて、午後は実験室にいる予定です。

2. N（場所）を　V（离开）

用法："を"是格助词，经常与"出る""降りる""卒業する"等自动词搭配使用，表示离开的
场所。

例句

①太郎は朝早く大阪を発って、東京へ出張に行きました。

②私は故郷を離れてからずっと一人暮らしです。

③次の駅で電車を降りて、バスに乗り換えてください。

④A：弟さんは高校を卒業した後、どうするんですか。

　B：大学に入りたいと言っています。

注解单词

幸せ⓪	[名・ナ形]	幸福	
実験室③	[名]	实验室	
発つ①	[自五]	出发，离开	

離れる③	[自下一]	离开，远离	
一人暮らし④	[名]	独居，单身生活	

練習 A 替換練習。

1.

暇だ→		よく友達と一緒に野球をします。
天気がいい→	時は、	海へ遊びに行きます。
休み→		友達を誘ってパーティーをします。

2.

病院にお見舞いに行く→		花束を買って行ったほうがいいです。
中国へ来る→	時は、	うちへ遊びに来てください。
お金に困る→		いつも友達にお願いしています。

3.

会社に入る→		先輩や友人にいろいろ習いたいと思います。
結婚式→	前に、	招待状を出します。
トレーニングする→		準備運動をします。

4.

出張する日程を決める→		ホテルの予約をします。
運動する→	後で、	食事をします。
仕事→		連絡してもいいですか。

5.

来年→		ずっと不況が続くでしょう。
あなたが帰る→	まで、	ずっと待ちます。
日が暮れる→		ずっと働きます。

6.

明日→		この問題を解いてください。
次の授業→	までに、	本文を暗記してください。
私が帰る→		部屋を片付けてください。

7.

何をしても、頑張る→		ことが大切です。
この薬は飲む→	続ける	必要があります。
1時間ずっと大きな声で本を読む→		ことは大変です。

8.

手紙を出しに行く→		友達の家に寄りました。
出張に行く→	ついでに、	息子への誕生日プレゼントを買います。
旅行→		大学時代の先生にあいさつに行きました。

9.

コーヒーを飲む→		新聞を読みます。
音楽を聞く→	ながら	部屋を掃除します。
テレビを見る→		朝ご飯を食べます。

10.

正門		出て左に曲がってください。
都会	を	離れた田舎で暮らしています。
階段		下りて、まっすぐ行ってください。

练习 B 看图，仿照例句进行会话练习。

1.

例 A：はさみはどんな時に使いますか。
 B：何かを切りたい時に使います。

①  ②  ③  ④

2.

例 A：先生、この薬はいつ飲むんですか。
 B：頭が痛くなった時に飲んでください。

3.

　㋑A：李さんは試験の前に、復習しますか。
　　B：はい、復習します。

① 　　　　　② 　　　　　③ 　　　　　④

4.

　㋑A：李さんは試験が終わった後で、いつも何をしますか。
　　B：そうですね。いつもカラオケへ行って、歌を歌います。

① 　　　　　② 　　　　　③ 　　　　　④

5.

㋑ A：一緒に遊びに行かないんですか。

B：行きたいんですが、<u>来週の月曜日</u>までにこの<u>論文を書き終え</u>なければならないんです。

例	来週の月曜日	論文を書き終える
①	明日	宿題を出す
②	来月の 14 日	入学願書を提出する
③	12 時	申込書を送る
④	今週の金曜日	本を返す

6.

㋑ A：いつこの<u>小説を読み始め</u>たんですか。

B：<u>月曜日</u>に読み始めました。

A：いつ<u>読み終わっ</u>たんですか。

B：<u>金曜日</u>に読み終わりました。

		開始時間	終了時間
例	小説を読む	月曜日	金曜日
①	論文を書く	月曜日	日曜日
②	宿題をする	9 時	12 時
③	資料を調べる	12 日	16 日
④	資料を読む	朝	夜

7.

㋑ A：これから<u>散歩に行き</u>ますよ。

B：じゃあ、ついでに<u>手紙を出して</u>ください。

练习 C 谈论日语课程的学习情况。

1. 分组讨论以下问题。

   Q1. 日本語の授業を受ける前に、予習をしますか。どのように予習しますか。

   Q2. 授業中、授業の内容をよりよく理解する方法は何ですか。

   Q3. 日本語の授業が終わった後、復習しますか。どのように復習しますか。

2. 归纳小组讨论的结果，并填入下表。

予習する方法	先生の話をよりよく理解する方法	復習する方法
録音を聞く	分からないところを先生に聞く	練習問題をする

3．总结日语课程的学习方法，并整理成PPT展示给大家。

关联词语

课前预习方法	単語を読む、発音をチェックする、録音を聞く、文法についてのビデオを見る、会話をシャドーイングする、本文の意味を確認する、分からないところを調べる
课上学习方法	集中して先生の話を聞く、授業の内容をメモする、積極的に先生の質問に答える、分からないところを聞く、質問して理解を深める、ペアで会話を練習する、自分の考えを日本語で表現する
课后复习方法	復習の計画を立てる、授業のメモを復習する、問題集をする、会話を暗記する、文法を整理する、大きな声で朗読する、内容をまとめる、録音を聞いてリピートする、日本人の発音をまねする、翻訳の練習をする

练习单词

誘う⓪	[他五]	邀请
（お）見舞い		探望，探视
友人⓪	[名]	朋友
招待状③⓪	[名]	请帖，请柬
日程⓪	[名]	日程
不況⓪	[名]	不景气
続く⓪	[自五]	继续，持续
暮れる⓪	[自下一]	天黑，日暮
解く①	[他五]	解答
片付ける④	[他下一]	整理，收拾
曲がる⓪	[自五]	拐，转弯
都会⓪	[名]	都市，城市
田舎⓪	[名]	乡下，农村
階段⓪	[名]	楼梯，台阶
下りる②	[自上一]	下，下来
はさみ③②	[名]	剪刀
面接⓪	[名・自サ]	面试

腰⓪	[名]	腰，腰部
咳②	[名]	咳嗽
出る①	[自下一]	出现
壊す②	[他五]	损害，损伤
復習⓪	[名・他サ]	复习
英会話③	[名]	英语会话
入学願書⑤	[名]	入学申请书
提出⓪	[名・他サ]	交，提交
開始⓪	[名・自他サ]	开始
終了⓪	[名・自他サ]	完结，结束
八百屋⓪	[名]	蔬菜水果店，蔬菜水果商
返却⓪	[名・他サ]	还，归还
内容⓪	[名]	内容
より⓪	[副]	更加，越发
理解①	[名・他サ]	理解

小知识

日本的"端午の節句"

　　日本的端午节名称源自中国，并且与中国有着相似的习俗。端午节自古以来就是中国的传统节日，自周代开始，人们就在门上装饰朱索、桃印，悬挂艾草。现在，中国民间还保留着有很多端午节的传统，如赛龙舟、吃粽子、插菖蒲、饮雄黄酒、悬挂钟旭像等等。

　　端午节具体何时传入日本已不得而知，但从《日本書紀》等文献来看，公元1世纪前后，端午节就已经传入日本。到了奈良时代、平安时代，日本已有许多关于端午节的记载。当时，贵族们悬菖蒲、挂艾蒿，饮雄黄酒，制作猎药等，和古代中国的端午节习俗非常相似。武士掌握政权后，由于"菖蒲"和"尚武"发音相同，端午节逐渐受到武士们的重视，从而衍生出了摆放武士人偶、悬挂鲤鱼旗等习俗。正是因为端午节与武士的关联，日本的端午节后来被打上了男孩节的烙印，成为人们祈祷家中男孩茁壮成长、努力奋斗的节日。这样一来，日本的端午节一方面保留了中国端午节时用菖蒲、艾草辟邪消灾以及吃粽子的传统，另一方面又有着供奉武士人偶、举行相扑比赛等日本独有的元素。

Memo

第3課 英会話

SOCIAL

学习目标

① 能够使用日语交流外语学习的经验和感想。

② 能够使用日语谈论努力尝试过的事情。

③ 能够使用日语介绍事情的进展。

④ 了解日本的"五大昔話
（ごだいむかしばなし）"。

语法要点

1 V う／ようとする。

2 V たばかりだ。

3 V（る・ている・た）ところだ。

4 N ばかり

5 V てばかりいる。

6 N1 で N2 が ある。

基础会话

1. A：今学期が終わろうとしていますが、
　　　英会話が上手になりましたか。
　 B：残念ですが、まだまだです。
2. A：本人にやろうとする意欲がないか
　　　ら、仕方がないですね。
　 B：そうですね。
3. A：英語で会話ができますか。
　 B：いいえ、英語の勉強を始めたばか
　　　りなので、まだできません。
4. A：すみません、お待たせしました。
　 B：いいえ、今着いたところです。
5. A：毎日、英会話ばかり練習していて、もう嫌になりました。
　 B：大変ですね。
6. A：あの人は大学に入ってから、遊んでばかりいますね。
　 B：そうですね、ぜんぜん勉強しません。
7. A：さっき、大通りで交通事故がありましたよ。
　 B：えっ、またですか。怖いですね。

基础会话单词

本人①	[名]	本人
意欲①	[名]	热情，积极性
お待たせしました		让您久等了
ばかり	[取り立て助]	
		光，净
大通り③	[名]	大道，马路，大街
ある①	[自五]	发生，举行
怖い②	[イ形]	可怕

応用会话

応用会話1　　英会話教室に通う

⋯⋯⋯⋯⋯⋯⋯⋯⋯⋯⋯⋯小张和李明谈论起英语会话辅导班的学习情况。⋯⋯⋯⋯⋯⋯⋯⋯⋯

張：最近、英会話教室に通い始めました。

李：英会話教室ですか。どうしてですか。

張：実は、今度の冬休みに、アメリカに短期留学しようと思っているんです。

李：それはいい考えですね。いつ始めたんですか。

張：1週間前からです。習い始めたばかりなので、まだ聞き取れない単語ばかりで大変です。

李：でも、張さん、以前は英語がとても得意でしたよね。

張：得意でしたが、会話は別です。それに英語を勉強するのは数年ぶりですから、とても難しく感じます。

李：そうですか。私も英語の勉強を再開したいなあ。

張：じゃあ、英会話教室に一緒に行ってみませんか。その教室で無料の見学会がありますから。

李：それはいいですね。ぜひ見学に行ってみたいです。

応用会话1单词

短期留学④	[名・自サ]	短期留学
考え③	[名]	想法
聞き取る③	[他五]	听见，听懂
以前①	[名]	以前
別⓪	[名・ナ形]	不同，另外；除外，例外
数年⓪	[名]	数年
～ぶり	[接尾]	时隔……又……
再開⓪	[名・自他サ]	重新开始
見学会④	[名]	试听课，观摩课

応用会話2　英会話の目的について話す

小张和李明谈论起上英语会话辅导班的目的。

張：英会話を習い始めて、1か月が経とうとしていますが、どうですか。英語は上手になりましたか。

李：そうですね。必死に英単語を覚えようと努力しています。

張：それはすごいですね。

李：さらに、最近は英語で自分の考えを伝えたい気持ちになりました。

張：さすが李さんですね。英語の勉強は世界を広げるでしょうね。

李：そう思います。将来、外資系企業に就職したいと考えているので、外国

応用会话2单词

必死⓪	[名・ナ形]	拼命
英単語③	[名]	英语单词
すごい②	[イ形]	惊人，了不起，厉害
さらに①	[副]	还，在那之上又……；越发，更加
伝える⓪	[他下一]	传达
さすが⓪	[副]	真不愧是，果然是
広げる⓪	[他下一]	扩展，拓宽
外資系企業⑥	[名]	外资公司，外企
くらい①	[取り立て助]	（也作"ぐらい"）表示程度
よさ①	[名]	好处，长处

人とちゃんとした会話ができるくらいになりたいんです。

張：いいですね。

李：それが英語を勉強するよさですね。

張：私も頑張ります。

李：はい。一緒に頑張りましょう。

正 文

英会話の勉強

　私は今年の冬休みにアメリカに短期留学しようと思っています。そこで、1週間前から英会話教室に通い始めました。現在、一生懸命に英語の勉強をしています。高校時代、英語は得意な科目でしたが、英会話はあまり上手ではありませんでした。英語の勉強を数年ぶりに再開したばかりなので、まだ聞き取れない単語ばかりで、とても大変です。

正文単词

そこで⓪	[接続]	因此，所以
現在①	[名]	现在
科目⓪	[名]	科目
きちんと②	[副・自他サ]	好好地；整齐，有规律；准确
可能性⓪	[名]	可能性
優秀⓪	[名・ナ形]	优秀
人材⓪	[名]	人才
充実⓪	[名・自サ]	充实
日々①	[名]	日子

　また、李君も将来外資系企業への就職を考えているので、英会話に興味を持っていました。私の英会話教室では無料体験ができるので、彼も見学しに来ました。今、李君も私と同じ英会話教室に通っています。李君は、将来外国人ときちんと話がしたいと言っています。英語は自分の世界を広げる可能性があります。李君は英会話を頑張って勉強して、優秀な人材になろうとしています。私も頑張りたいと思います。私たちは英会話が勉強できるので、とても充実した日々を過ごしていると感じています。

1. V う／ようとする。

接続： 动词意志形　ようとする

用法（1）： 表示某种现象或状态即将发生、出现。

释义： 就要……，将要……

例句

①長い夏休みがもうすぐ終わろうとしています。

②この泉の水は枯れようとしています。

③太陽が地平線の向こうから昇ろうとしています。

④お風呂に入ろうとした時、玄関のチャイムが鳴った。

用法（2）： 表示努力做某事。

释义： 要……，努力……

例句

①あの子は英語で一生懸命自分の考えを表そうとしています。

②好きな人に告白しようとしたが、急に恥ずかしくなって何も言えなかった。

③大切なことは、まず人を理解しようとすることなのでしょう。

④われわれは、最大の誠意をもって、最大の努力を尽くして平和的統一の未来を実現しよう
　としている。

2. V たばかりだ。

接続： 动词连用形Ⅱ　たばかりだ

用法： 表示动作或状态刚刚结束。

释义： 刚刚……

例句

①先日、英会話のパートナーを見つけたばかりです。

②英語の勉強を始めたばかりの頃は、英会話が全然できませんでした。

③社会人になったばかりですから、まだ分からないことが多いです。

④A：いつ日本から帰りましたか。B：先月、帰ったばかりです。

3. V（る・ている・た）ところだ。

　　用法：表示动作或状态处于某种阶段。"Vるところだ"表示动作、状态即将发生、出现；"V
　　　　　ているところだ"表示动作、状态正在进行、持续；"Vたところだ"表示动作、状态刚
　　　　　刚结束。

　　释义：正要……；正在……；刚……

　　例句

　　①時刻は間もなく3時になるところです。

　　②英語コーナーは5時に始まります。今、会場の用意をしているところです。

　　③A：李さん、お茶を飲みますか。

　　　　B：今、英会話の宿題をしているところなので、後で飲みます。

　　④A：このことはもうみんなに知らせましたか。

　　　　B：はい、今、ファックスで送ったところです。

4. N　ばかり

　　用法："ばかり"是提示助词，表示限定，带有程度过甚之意，多用于消极场合。

　　释义：光……，净……

　　例句

　　①王さんは英語の本ばかり読んでいます。

　　②彼女はいつも文句ばかり言っています。

　　③A：甘いものばかり食べてはいけませんよ。

　　　　B：はい、分かりました。

　　④A：あの子は最近、ゲームばかりしていて、全然勉強しません。

　　　　B：そうなの？どうしたんでしょう。

5. V　てばかりいる。

　　接続：动词连用形Ⅱ　てばかりいる

　　用法：表示一个动作不断反复或某种状态一直不变，带有程度过甚之意，多用于消极场合。

　　释义：总是……，净……

　　例句

　　①母は朝から怒ってばかりいます。

　　②夫は働いてばかりいて、どこへも遊びに行きません。

　　③A：読んでばかりいますね。書く練習も必要ですよ。

B：そうですね。でも、私は読むのは好きですが、書くのはあまり好きじゃありません。

④A：田中さんは何かあったんですか。泣いてばかりいますけど。

　B：さあ、僕も知りません。

6. N1 で N2 が ある。

用法：表示在某地发生（出现）了某事。

释义：在……发生（有）……

例句

①今日は301号室で英会話の試験があります。

②あのビルでフランスの有名な画家の展覧会があります。

③A：ねえ、あそこで何かあったんですか。B：交通事故があったんですよ。

④A：市内の体育館でコンサートがあると聞きましたが、一緒に見に行きませんか。

　B：そうですか。行きましょう。

句型单词

泉 ⓪	[名]	泉水	パートナー①	[名]	搭档
枯れる⓪	[自下一]	干涸	社会人②	[名]	社会成员，社会人
地平線⓪	[名]	地平线			
昇る⓪	[自五]	上升	時刻①	[名]	时刻
玄関①	[名]	门口，正门，大门	聞もなく②	[副]	不久，马上
			英語コーナー④	[名]	英语角
チャイム①	[名]	门铃	用意①	[名・他サ]	准备
鳴る⓪	[自五]	响，鸣，叫	知らせる⓪	[他下一]	通知
表す③	[他五]	表达	ファックス①	[名]	传真
告白⓪	[名・他サ]	表白，坦白	文句①	[名]	怨言
恥ずかしい④	[イ形]	害羞，不好意思	甘い⓪	[形]	甜
われわれ⓪	[代]	我们	ゲーム①	[名]	游戏，比赛
最大⓪	[名]	最大	の	[終助]	表示疑问
誠意①	[名]	诚意，诚心	怒る②	[自五]	生气
尽くす②	[他五]	尽力，效力；用尽，竭尽	泣く⓪	[自五]	哭，哭泣
			画家⓪	[名]	画家
平和的⓪	[ナ形]	和平的	展覧会③	[名]	展览（会）
統一⓪	[名・他サ]	统一，一致	ねえ①	[感]	（"ね"的强调形式）喂
未来①	[名]	未来，将来			

注　解

1. N　ぶり

　　用法："ぶり"是接尾词，表示间隔时间长。

　　释义：时隔……又……

例句

①1か月ぶりの温泉で最高でした。

②地震が起きてから、彼は19時間ぶりに家族と再会できました。

③李さんが帰国するのは5年ぶりですから、知らないことばかりでしょう。

④A：先生、お久しぶりです。お元気ですか。

　　B：元気ですよ。よく運動していますからね。

2.　～くらい／ぐらい

　　用法："ぐらい／くらい"是提示助词，表示程度。

例句

①私はあの人が嫌いで、顔も見たくないくらいです。

②もう疲れて、一歩も歩けないくらいです。

③李さんは、英語で論文が書けるぐらいのレベルです。

④泣きたいぐらい困っています。

3.　～さ

　　接続：イ形容词词干／ナ形容词词干　さ

　　用法："さ"是接尾词，接在イ形容词或ナ形容词的词干后面，使其变成名词，表示某种状态或程度。

例句

①日本語を勉強して1か月ですが、その難しさを感じています。

②病気になってはじめて健康の大切さが分かりました。

③A：田舎暮らしのよさが分かりましたか。

　　B：はい、田舎で暮らしてはじめてそのよさが分かりました。

④中国共産党は、巨大政党特有の難題を解決する冷静さと強固な信念を常に持ち続けなければならない。

注解单词

再会⓪	[名・自サ]	再会，重逢	政党⓪	[名]	政党
一歩①	[名]	一步	特有⓪	[名・ナ形]	特有，独有
レベル①⓪	[名]	程度，级别	難題⓪	[名]	难题
～てはじめて		……之后才……	解決⓪	[名・自他サ]	解决
健康⓪	[名・ナ形]	健康	強固①	[ナ形]	坚固，坚强
田舎暮らし④	[名]	乡下生活，农村生活	信念①	[名]	信念
			常に①	[副]	经常，不断
巨大⓪	[名・ナ形]	巨大，庞大			

練習 Ⓐ 替换练习。

1.

真っ赤な夕日が水平線に沈む→	
長かった冬が終わりを告げる→	う／ようとしています。
一生懸命勉強して留学する→	

2.

英会話教室に入る→	
この英会話の本は買う→	たばかりです。
山田さんは結婚する→	

3.

これから	英会話を練習する→	
	夕食を食べる→	ところです。
	英会話教室に行く→	

4.

王さんは今、	日本語を勉強する→	
	料理を作る→	ところです。
	漫画を読む→	

5.

さっき	晩ご飯を食べる→ 家に着く→ 宿題が終わる→	ところです。

6.

あの子は肉→		食べています。
彼女は英語圏の人と→	ばかり	しゃべっています。
彼は遊びに→		お金を使っています。

7.

息子は毎日遊ぶ→	
自分でしないで、人に頼む→	ばかりいます。
母は昨日のことで私を責める→	

8.

隣の教室		講演	
ホテル	で	結婚式	があります。
講堂		卒業式	

9.

2年→		大学時代の友達に会いました。
3か月→	ぶりに	ボランティア活動に参加しました。
5年→		大学の授業を聞くことができました。

10.

この湖の深さは	100m	
この荷物の重さは	3kg	ぐらいです。
この建物の高さは	400m	

练习 **B** 看图，仿照例句进行会话练习。

1.

⑩ A：今日、<u>早く起きよう</u>としましたが、できませんでした。

    B：そうですか。

① 　② 　③ 　④

2.

⑩ A：<u>上手</u>ですね。

    B：でしょ？昨日、<u>英会話の授業で習っ</u>たばかりですからね。

① 　② 　③ 　④

3.

⑩ A：ちょっと、何をしているんですか。そろそろ出かけますよ。

    B：あ、すみません。今、<u>英会話の宿題をしている</u>ところなん

    です。ちょっと待っていてください。

4.

例　A：最近、李さんを見かけませんね。

　　B：そうですね。彼は毎日<u>勉強</u>ばかり<u>していて</u>、あまり外に出ませんから。

5.

例　A：一緒に<u>映画を見る</u>のは<u>何か月</u>ぶりですかね。

　　B：そうですね。<u>3か月</u>ぶりですね。

①	食事をする	3週間
②	ショッピングをする	半年
③	ハイキングをする	4か月
④	旅行する	2年

6.

例　A：人が多いですね。あそこで何かあったんですか。

　　B：<u>交通事故</u>があったんですよ。

① ② ③ ④

7.

例 A：この井戸の深さはどれぐらいあるか知っていますか。

B：分かりませんが、だいたい20メートルくらいじゃないか
と思いますけど……

① ② ③ ④

練習 C 谈论英语会话的学习情况。

1. 分组讨论以下问题。

Q1．英会話を習ったことがありますか。きっかけは何でしたか。

Q2．あなたはどんな方法で英会話を練習しますか。

Q3．外国人と英語で会話をしたことがありますか。感想を言ってください。

Q4．英語の検定試験を受けたことがありますか。結果はどうでしたか。

2．归纳小组讨论的结果，并填入下表。

習い始めたきっかけ	練習法	外国人と英語で会話をした感想	検定試験を受けた結果
外国人と交流したい	録音を聞いてまねする	思ったことをすぐに表せない	点数が低い

3．介绍自己学习英语会话的经历，并整理成一篇文章。

关联词语

学习英语会话的契机	学校の授業、親の希望、興味がある、アメリカへ旅行に行く、外国に住む、友達を見習う、英語の音の響きが美しい、俳優の声が好きだ、検定試験を受ける、外国人と話す
英语会话的练习方法	教科書を読む、パートナーと練習する、俳優の話し方をまねする、大きな声で朗読する、塾に通う、英語の先生について勉強する、英語でスピーチをする、ニュースを繰り返し聞く
用英语和外国人交流的感想	楽しい、自信が湧く、自信が無くなる、緊張する、どきどきする、言いたいことが言えない、同じ言葉を繰り返す、一生懸命勉強しようと思う、足りない部分が分かる
参加英语会话考试的结果	試験に合格した、試験に落第した、高い点数が取れた、満足できた、予想していた結果、惨敗した

练习单词

真っ赤③	[名・ナ形]	鲜红
夕日⓪	[名]	夕阳
水平線⓪③	[名]	水平线，地平线
沈む⓪	[自五]	下沉
告げる⓪	[他下一]	告知，宣告
夕食⓪	[名]	晚饭
英語圏③	[名]	英语圈
責める②	[他下一]	责备，谴责
講演⓪	[名・自サ]	演讲，讲话
講堂⓪	[名]	礼堂，大厅
ボランティア②	[名]	志愿活动，志愿者
活動⓪	[名・自サ]	活动，行动
翻訳	[名・他サ]	（笔译）翻译
運ぶ⓪	[他五]	搬运
詳しい③	[イ形]	详细；精通，熟悉
生後①⓪	[名]	出生后

子犬⓪	[名]	小狗
ビデオ①	[名]	录像
見かける⓪③	[他下一]	看到，看见
ハイキング①	[名・自サ]	郊游，徒步旅行
大手企業⑤	[名]	大企业，大公司
デモ①	[名・自サ]	示威，示威游行
井戸①	[名]	井
～じゃないか		不是……吗？（表示确认）
平方メートル⑤	[名]	平方米
スーツケース④	[名]	旅行箱，手提皮箱
キロ①	[名・助数]	（"キログラム"的缩略语）千克，公斤
きっかけ⓪	[名]	机会，契机
練習法⓪	[名]	练习方法
交流⓪	[名・自サ]	交流，沟通

小知识

日本的"五大昔話"

日本民间故事种类繁多，流传范围广，很多日本人从小听民间故事长大，这些民间故事对于他们的成长起着不可忽视的作用。

其中，《桃太郎》《猿蟹合戦》《舌切雀》《花咲じじい》《かちかち山》被称为日本的"五大昔话"。《桃太郎》讲述了一个从桃子里出生的孩子征战鬼岛的故事；《猿蟹合戦》讲述了猴子和螃蟹斗智斗勇的故事；《舌切雀》讲述了一只被割掉舌头的麻雀报恩，而割掉麻雀舌头的毒妇遭到报应的故事；《花咲じじい》讲述了心地善良的老爷爷得到好报，而心肠狠毒的老爷爷遭受惩罚的故事；《かちかち山》讲述了一只害死善良老奶奶的狸被兔子等动物合伙惩罚的故事。

这些民间故事的起源虽然很难考证，但从内容和主题来看，与中国文化密切相关。例如，很多研究者认为《桃太郎》中的"桃"信仰源自中国。另外，中国也有很多和日本民间故事内容相似的故事。例如，《花咲じじい》和中国民间故事中广为人知的《狗耕田》故事内容几乎相同。

第4課 小テスト

学习目标

1　能够使用日语交流备考的相关情况。

2　能够使用日语谈论考试的结果。

3　能够使用日语描述他人的心理活动。

4　了解日本的"稲作文化"。

① V ておく。

② V てある。

③ V てしまう。

④ ～がる。

⑤ N1 という N2

⑥ ～しか ～ない。

基础会话

1. A：この単語をメモしておいてください。

   B：はい、分かりました。

2. A：はさみはどこですか。

   B：あの引き出しにしまってありますよ。

3. A：皆さん、今日中に単語を覚えてしまってください。

   B：はい、分かりました。

4. A：昨日、朝寝坊してしまって、テストに遅れてしまいました。

   B：だめですよ。とても大切なテストだったんですよ。

5. A：テストを嫌がる学生が多いですね。

   B：そうですね。誰でも嫌いでしょう。

6. A：イクメンって何ですか。

   B：育児をする男性のことです。

7. A：山田先生という先生を知っていますか。

   B：はい、知っていますよ。

8. A：先週の小テストで、60点しか取れませんでした。

   B：そうですか。これから頑張らなければいけませんね。

基础会话单词

小テスト③	[名]	小考
メモ①	[名・他サ]	记录，笔记
しまう⓪	[他五]	收藏，整理
嫌がる③	[他五]	讨厌，不愿意
イクメン⓪	[名]	全职奶爸
育児①	[名]	育儿，抚养孩子
～点	[接尾]	分，分数

应用会话

应用会话1　　小テスト前の会話

······················· 铃木老师上课时谈起了日语考试的相关情况。·······················

鈴木先生：今日は先週予告しておいた日本語の小テストを行います。皆さんには事前に
　　　　　話しましたよね。

李　　　：てっきり来週だと勘違いして
　　　　　いました。

鈴木先生：では、勉強しなかったんです
　　　　　か。

李　　　：はい。すみません。勉強し忘
　　　　　れてしまいました。

鈴木先生：皆さんはどうですか。ちゃん
　　　　　と勉強しましたか。

王　　　：私も忘れてしまいました……

鈴木先生：勉強していないって、どうい
　　　　　うことですか。今日小テスト
　　　　　を行うことを前回の授業で何
　　　　　度も確認しましたよね。

李　　　：鈴木先生、すみません。

应用会话1单词		
予告⓪	[名・他サ]	预先通知
行う⓪	[他五]	举行，进行
事前⓪	[名]	事先，事前
てっきり③	[副]	（以为）一定，（以为）肯定
勘違い③	[名・自サ]	误会，判断错误
どういう①	[連体]	什么样的，怎么样的
前回①⓪	[名]	上次
何度①	[名]	几次；屡次，再三；多少度
も	[取り立て助]	竟，竟然，都，也
しょうがない	[連語]	束手无策，难以应付
申し訳ない⑥	[イ形]	实在抱歉

鈴木先生：小テストのことを忘れていた人が何人もいるんですね。本当にしょうがない
　　　　　ですね。では、小テストは来週にしましょう。

学生たち：鈴木先生、本当に申し訳ありませんでした。来週はきちんと勉強しておきま
　　　　　す。

応用会話2　　小テスト終了後の会話

・・・・・・・・・・・・・・・・・・・・・・・・・・・・考试结束后，李明和杨欣欣谈起考试的情况。・・・・・・・・・・・・・・・・・・

李　　　：楊さん、「盆」という単語、覚えていましたか。私、小テストで書けませんでした。

楊　　　：もちろん、書けましたよ。テスト範囲は全部復習しておきましたから。

李　　　：私は20問中、10問しか分かりませんでした……

楊　　　：李さん、もっと頑張ってください。

李　　　：そうですよね。次の小テストはいい点数を取りたいなあ。

楊　　　：勉強しないでいい点数を取りたがるのは、いくらなんでも無理がありますよ。

李　　　：そうですね。あーあ、なんで勉強しなかったんだろう……本当に後悔しています。

楊　　　：李さんが書けなかった「盆」は「覆水盆に返らず」の「盆」ですよ。今の李さんの状況にぴったりです。

李　　　：あ、思い出しました、「盆」の漢字。

鈴木先生：はいはい。授業を始めますよ。ところで、先週は教科書何ページで終わりましたか。

応用会話2単词		
盆⓪	[名]	盆，托盘；盂兰盆节
範囲①	[名]	范围
問①	[名]	问题
〜中	[接尾]	在……之中；正在……；……期间
いくらなんでも	[連語]	无论怎么也
だろう		呀（表示感叹）
後悔①	[名・他サ]	后悔
覆水盆に返らず	[連語]	覆水难收
状況⓪	[名]	状况，情况
ぴったり③	[副・自サ・ナ形]	正合适，恰好
思い出す④⓪	[他五]	想出，回忆起

正 文

小テスト

私は今週小テストのことを忘れてしまいました。鈴木先生は前の授業で、テストを行うことを何度も確認したと言っていました。しかし、私たちは小テストがあるのは1週間後だと勘違いしていました。鈴木先生は何人もの学生が小テストのことを忘れてしまっているので、注意をしました。小テストは1週間後になりました。私たちは鈴木先生に謝りました。

正文単词

注意① [名・自サ] 提醒，警告；注意，小心
謝る③ [他五]　　道歉，谢罪
大事③⓪[ナ形]　　重要，要紧；保重，珍惜

今日、小テストが終わりました。私は20問中、10問しか解けませんでした。楊さんに聞きましたが、楊さんは準備がしてあったと答えました。私は今回、いい点数を取りたいと思っていたので、とても後悔しました。

ところで、楊さんは「盆」の単語が書けました。私は、「盆」という単語が書けませんでした。今テスト勉強をしなかったことを後悔している私は、「盆」を使った「覆水盆に返らず」と同じ状況にいます。後悔しても仕方がありません。勉強することはとても大事です。

句 型

1. V ておく。

接续: 动词连用形Ⅱ　ておく

用法(1): 表示事先做某种准备，经常和"前もって""事前に""あらかじめ"等副词连用。口语表达形式为"～とく"。

释义: 提前……

（例句）

①結婚式の2か月ぐらい前に、お客様に招待状を出しておきます。

②パーティーの前に、料理やお皿などをテーブルに並べておきました。

③誰かを訪問する前に、あらかじめ一度電話をかけて相手の都合を聞いといたほうがいいですよ。

④A：会議の前に、いつも何をしますか。

　B：資料をコピーして、よく読んでおきます。

用法（2）：表示为了某种目的而将结果的状态保持下去。口语表达形式为"～とく"。

（例句）

①A：窓を閉めましょうか。

　B：まだ暑いから、開けておいてください。

②A：その道具、片付けてもいいですか。

　B：後で使うから、そのままにしておいてください。

③A：テレビを消しましょうか。

　B：まだ見ているから、つけたままにしといてください。

④A：野菜を冷蔵庫にしまいましょうか。

　B：洗ってからしまいますから、そこに置いといてください。

2. V　てある。

接続：动词连用形Ⅱ　てある

用法：接在他动词之后，表示动作完成后的存续状态。一般不涉及动作的主体，只涉及动作的对象。

（例句）

①壁にポスターが貼ってあります。

②そこに飾ってある人形はとてもかわいいですね。

③A：あれっ、黒板に詩が書いてありますね。

　B：そうですね。きっと誰かが書いたんですね。

④A：みんなに会いたかったなあ。出席できなくて残念。

　B：ビデオに撮ってありますよ。見ますか。

3. V　てしまう。

接続：动词连用形Ⅱ　てしまう

用法（1）：接在意志性动词后面，表示动作完了。口语表达形式为"～ちゃう／じゃう"。

⑩句

①明日は休みなので、今日中にこの仕事をしてしまうつもりです。

②半年分の家賃をもう払ってしまいました。

③Ａ：これらの漢字を明日の試験に出しますから、今日中に覚えてしまってください。

　Ｂ：はい、分かりました。

④Ａ：作文の試験時間は短いので、早く書いちゃわないとダメですよね。

　Ｂ：そうですね。30分だけですからね。

用法（2）：表示出现了令人遗憾、失望、后悔的结果。口语表达形式为"～ちゃう／じゃう"。

⑩句

①昨日は風邪薬だと思って睡眠薬を飲んでしまいました。

②バスがなかなか来なかったので、大事なテストに遅れてしまいました。

③私のチームは最後の試合で負けてしまいました。

④Ａ：大学に入ってはじめての試験に落ちちゃった。

　Ｂ：あっ、そう。じゃあ、これから、頑張らなくちゃいけないね。

4. ～がる。

接続：イ形容词词干／ナ形容词词干　がる

用法：表示第三人称的感情、希望、要求等。

⑩句

①子供たちはみんな病院に行きたがりません。

②娘がおもちゃをほしがっているから、明日、娘を連れて買いに行きます。

③テストを嫌がって学校へ行かなくなってしまう学生が多くいます。

④同窓会で、みんなが昔のことを懐かしがっていました。

5. N1　という　N2

用法：用于提示未知或不了解的人和事物。

⑩句

①Ａ：山本太郎という人を知っていますか。Ｂ：はい、知っていますよ。

②Ａ：東都大学という日本の大学に願書を出しました。

　Ｂ：そうですか。試験はいつですか。

③Ａ：応募という言葉の意味を説明してくださいませんか。

　Ｂ：まず、辞書の説明を読んでみてください。

④われわれはイデオロギー分野でのマルクス主義の指導的地位という根本的制度を堅持しなければなりません。

6. ～しか　～ない。

接续：名词／数量词　しか　～ない

用法："しか"是提示助词，后接否定表达形式，多表示数量之少或程度之低。

释义：仅仅……

例句

①A：先週の試験問題は半分しかできませんでした。

　B：そうですか。じゃあ、結果は期待できませんね。

②A：昨日のテストの問題は3ページしかありませんでした。

　B：じゃあ、量が少なかったんですね。

③A：今、気温は何度ありますか。B：3度しかありません。

④A：来週はいつ空いていますか。

　B：来週は試験が多いから、木曜日しか空いていません。

句型单词

前もって③⓪	[副]	事先，预先	落ちる②	[自上一]	落榜，没考上
あらかじめ⓪	[副]	预先	おもちゃ②	[名]	玩具
お客様④⓪⑤	[名]	客人	同窓会③	[名]	同学聚会
テーブル⓪	[名]	桌子	懐かしい④	[イ形]	(令人)怀念，想念
並べる⓪	[他下一]	摆	願書①	[名]	申请书，志愿书
訪問⓪	[名・他サ]	访问，拜访	応募①⓪	[名・自サ]	应征
置く⓪	[他五]	放，搁置	イデオロギー③④		
壁⓪	[名]	墙		[名]	意识形态
ポスター①	[名]	宣传画，海报	マルクス主義⑤	[名]	马克思主义
飾る⓪	[他五]	装饰	指導的⓪	[ナ形]	指导性的
人形⓪	[名]	玩偶，娃娃	地位①	[名]	地位，身份
詩⓪	[名]	诗	根本的⓪	[ナ形]	根本的，根本性的
分①	[名]	分量，数量	制度①	[名]	制度
家賃①	[名]	房租	堅持①	[名・他サ]	坚持
出す①	[他五]	出题	半分③	[名]	一半
風邪薬③	[名]	感冒药	期待⓪	[名・他サ]	期待
睡眠薬③	[名]	安眠药	量①	[名]	量
チーム①	[名]	队，团队	空く⓪	[自五]	有空，空闲
負ける⓪	[自下一]	输，败			

注 解

1. V 忘れる

接続：动词连用形Ⅰ　忘れる

用法：表示忘记做某事。

释义：忘了……

例句

①聞きたいことを聞き忘れてしまいました。

②肉を買いたかったんですが、買い忘れてしまいました。

③昨日言い忘れましたが、来週のテストは辞書を使ってもかまいません。

④試験の問題用紙に名前を書き忘れたまま、出してしまいました。

2. N 中

用法：“中”是接尾词，前接普通名词、数量词时，表示范围，意为“在……之中”；前接动作性
名词时，表示动作、状态的持续，意为“正在……”；前接表示特定时间段的名词时，意为
“……期间”。

例句

①空気中の水分が少ない。

②クラスの30人中、5人が男子学生です。

③授業中ですから、静かに歩いてください。

④会議中だから、入ってはいけない。

⑤夏休み中にアルバイトをするつもりです。

⑥来月中に東京へ出張する予定です。

3. 数量词 も

用法：“も”是提示助词，前接数量词，强调数量之多或程度之甚。

释义：竟，竟然，都，也

例句

①学校まで2時間もかかるんです。

②雨はもう1週間も降っています。

③あの人は10年間も日本に留学していました。

④彼女は英語など5種類もの外国語を話すことができる。

注解单词

～てもかまわない	可以……	水分①	［名］	水分

練習 Ⓐ 替換練習。

1.

お客さんが来る前に、	ビールを買う→ 部屋を片付ける→ ごちそうを用意する→	ておきます。

2.

辞書 字 花	が	あそこに置く→ 黒板に書く→ 花瓶に挿す→	てあります。

3.

今週中には	卒業論文を書く→ 今まで習ったことを復習する→ 冬休みの宿題を済ませる→	てしまいたいと思っています。

4.

人は誰でも	自由な時間をほしい→ 豊かな暮らしをしたい→ 悔しい→	がります。

5.

東都大学 お寿司 漢字検定試験	という	大学 日本料理 試験	に願書を出しました。 が好きです。 を受けます。

6.

英語のテストに		合格できた→
教科書の内容の半分	しか	復習した→
朝ご飯は玉子一つ		食べた→

练习 B 根据图片或语境，仿照例句完成会话。

1.

例 A：李さんはあさって故郷へ帰りますね。前もって<u>荷物を準備</u>
<u>し</u>ておいたほうがいいですよ。

B：はい、もう<u>準備し</u>てありますから、大丈夫です。

| ① | ② | ③ | ④ |

2.

例 A：<u>遅れてしまって</u>、すみません。

B：いいえ、大丈夫ですよ。

| ① | ② | ③ | ④ |

3.

例　A：3歳の淳はいつも<u>お兄ちゃんの持っているものをほしがります</u>。

　　B：そうですか。子供ですからね。

　　①お兄ちゃんが食べているものを食べる　　②お姉ちゃんのおもちゃがほしい

　　③お母さんと一緒にいる　　　　　　　　　④にぎやかな所へ行く

4.

例　A：<u>試験監督</u>はどの先生ですか。

　　B：<u>田中</u>先生という先生ですが、知っていますか。

　　①英語の先生／スミス　　　　　　　　　②論文の指導教官／近藤

　　③話題になっている先生／佐藤　　　　　④転勤になった先生／内田

5.

例　A：明日、期末テストがありますね。いろいろ準備しましたか。

　　B：いいえ。最近、忙しくて、<u>毎日1時間しか勉強できませんでした</u>。

　　①教科書の10ページを読む　　　　　　②習った内容の3分の1を復習する

　　③英語を勉強する　　　　　　　　　　④単語を覚える

练习　C　谈论期末考试的相关情况。

1. 分组讨论以下问题。

　　Q1. 先学期の期末テストのために、何か準備しましたか。

　　Q2. どれぐらいの点数を取りたいと思いましたか。結果はどうでしたか。

　　Q3. その時のテストから考えたことはどんなことですか。

2．归纳小组讨论的结果，并填入下表。

準備したこと	目標	結果	考えたこと
復習しておいた	90点を取りたい／李さんは80点を取りたがっている	試験に落ちてしまった	もっと頑張る必要がある

3．介绍自己是如何准备考试的，并整理成一篇文章。

关联词语

考前准备	教科書を復習する、夜遅くまで勉強する、分からない問題を先生に聞く、試験会場を確かめる、受験番号を調べる、必要なものを用意する
目标	試験に合格する、高い点数を取る、優秀な成績を収める、前よりよい成績を取る、前回のテストと同じぐらいの成績、クラスで一位になる、平均点数に達する、できる問題を解く
反思	もっと努力する、事前に準備する、勉強不足、文法が弱い、丁寧に試験問題を読む、選択肢を読み解く

练习单词

花瓶⓪	[名]	花瓶
挿す①	[他五]	插
卒業論文⑤	[名]	毕业论文
済ませる③	[他下一]	做完，完成
暮らし⓪	[名]	生活
悔しい③	[イ形]	（令人）懊悔，遗憾
合格⓪	[名・自サ]	合格
立てる②	[他下一]	制定（计划、日程表）

破る②	[他五]	弄破，损坏
汚す⓪	[他五]	弄脏
試験監督④	[名]	监考教师
指導教官④	[名]	指导教师
転勤⓪	[名・自サ]	岗位调动，换工作
期末⓪	[名]	期末
先学期③	[名]	上学期

💡 小知识

日本的"稻作文化"（いなさくぶんか）

大米自古以来就是日本的主食，是日本人饮食生活中不可缺少的一部分。人们用大米制作"餅（もち）""赤飯（せきはん）""丼（どんぶり）もの""寿司（すし）""煎餅（せんべい）""和菓子（わがし）"等食物，还用大米酿造"焼酎（しょうちゅう）""清酒（せいしゅ）"等酒类。在当今日本，水稻种植已经遍及日本各地，其中关东、东北等地区是大米的主要生产地。

然而，水稻并非日本原有的农作物，而是在弥生时代由中国传入日本的。在这之前的绳文时代，日本以采集和狩猎为主要生活方式，人们没有固定的居所，生产工具以石器为主。水稻种植的传入使日本逐渐步入农耕社会，铁器的传入又使日本的农业技术获得很大进步，从而推动日本进入了农业文明的时代。

以水稻为主的农耕文化给日本人的生活方式和生产方式带来了巨大的变化，对日本文化的形成和发展产生了很大的作用。水稻种植开始后，人们建立了共同居住的村落。在共同劳作的过程中，又增强了协同合作的意识，形成了日本人共同体主义的特征。同时，日本人将农业丰收的愿望与神道信仰相关联，塑造出很多保佑水稻生产收获顺利的农耕神，并开展祭祀农耕神的"祭り（まつり）"。人们还在精心种植水稻的过程中增强了对植物的感性认识，形成了爱用自然之物表达感情、使用自然之物表达艺术之美的风格，增强了"物（もの）の哀（あわ）れ""わび""さび""幽玄（ゆうげん）"等所谓的日本人的美意识。

Memo

第 **5** 課 文化祭

学习目标

1 能够使用日语谈论团队或个人的决定。

2 能够使用日语谈论学校的规章制度。

3 能够使用日语介绍大学的校园文化节。

4 了解日本的"俳句"。

语法要点

❶ V ことにする／ことにしている。 　　❷ V ことになる／ことになっている。

❸ V てくる。 　　❹ V ていく。

❺ ～てしょうがない。 　　❻ ～し、～し～。

❼ ～かもしれない。

基础会话

1. A：文化祭で何をしますか。

   B：たこ焼き屋を出すことにしました。

2. A：文化祭で何をすることになりましたか。

   B：クラスでいろいろ考えましたが、お好み焼き屋をすることになりました。

3. A：今年の文化祭でどんな屋台を出しますか。

   B：ずっと焼きそば屋をやってきましたので、今年も同じです。

4. A：今年の文化祭について、何かいいアイディアはありませんか。

   B：今年は去年と違い、「エコ」をテーマにやっていきたいと思います。どうですか。

5. A：去年の文化祭はどうでしたか。

   B：うちの屋台はすごく人気があったので、うれしくてしょうがありませんでした。

6. A：うちの屋台は、食材は新鮮だし、おいしいし、スタッフみんなやる気もあるし、きっと人気が出るでしょうね。

   B：そうですね。

7. A：食材100人分では、ちょっと足りないかもしれませんね。

   B：そうですか。じゃ、もう少し買ってきます。

基础会话单词

文化祭③	[名]	文化节
たこ焼き⓪	[名]	章鱼小丸子
お好み焼き⓪	[名]	（日式蔬菜煎饼）大阪烧
屋台①	[名]	货摊
出す①	[他五]	开张，开店
焼きそば⓪	[名]	炒面
アイディア①③	[名]	主意，想法
エコ～	[接頭]	环保，节能
食材⓪	[名]	食材
スタッフ②	[名]	工作人员
やる気⓪	[名]	干劲
では	[連語]	若是……，……的话

応用会話

応用会話1　　廊下での雑談

李明和田中在走廊里谈起了文化节的相关事宜。

李　　：そろそろ文化祭ですね。田中さん
　　　　のクラスは何をしますか。

田中：私たちはやきそば屋をすることに
　　　　しました。

李　　：そうですか。いいですね。

田中：李さんのクラスは何をしますか。

李　　：私はたこ焼き屋がよかったのです

応用会話1単词		
とっても⓪	[副]	（"とても"的口语强调形式）很，非常
盛り上げる④	[他下一]	使（气氛等）高涨
お互いに⓪	[副]	互相
ミスコン⓪	[名]	选美
優勝⓪	[名・自サ]	（获得）冠军

　　　　が、私たちのクラスはお好み焼き屋をすることになりました。

田中：そうですか。それはいいですね。文化祭の準備はどうですか。

李　　：とっても忙しいんですが、楽しくてしょうがないです。

田中：私も文化祭の準備は忙しいんですが、本当に楽しいですね。一緒に文化祭を盛り
　　　　上げていきましょう。

李　　：はい。お互いに頑張りましょう。

李　　：あ、そうだ。楊さんのことですが、大学のミスコンに参加することにしたんですよ。

田中：へえ、そうですか。楊さんはかわいいから、優勝するかもしれませんね。

応用会話2　　模擬店準備

田中遇到了正在准备文化节的李明等人。

田中：李さんは今、何をしているんですか。

李　　：私は今、お好み焼き屋の準備をしています。

田中：王さんと孫さんは今どこにいるんですか。

李　　：王さんは肉や野菜などを、孫さんは小麦粉と卵を買いに行きました。あ、王さん
　　　　が帰ってきました。王さん、肉と野菜を買いましたか。

王　　：はい。買ってきました。豚肉を買ったし、キャベツも買ったし、それにソースも

　　　買いました。あ、マヨネーズを忘れちゃいました。

李　　：そうですか。じゃあ、孫さんに電話
　　　　をして頼みましょう。（打电话）も
　　　　しもし、孫さん、すみませんが、マ
　　　　ヨネーズを買ってきてください。

孫　　：マヨネーズですか。分かりました。
　　　　買って帰ります。

李　　：それじゃあ、お願いします。（挂断
　　　　电话）

田中：皆さん忙しいですね。あ、キムさんが、向こうからやってきましたよ。

キム：こんにちは。仕事も終わったし、これから、文化祭の準備を手伝いますよ。

李　　：ありがとうございます。お願いします。

应用会话2单词

小麦粉⓪	[名]	面粉
ソース①	[名]	调味汁
マヨネーズ③	[名]	蛋黄酱
もしもし①	[感]	喂
やってくる④	[自カ]	来，到来

正 文

文化祭の感想

　　文化祭はとても楽しく過ごしました。うちの大学は模擬店が多いことで有名です。私のクラスはお好み焼き屋で、田中さんのクラスは焼きそば屋でした。ほかには、ダンスもあったし、コンサートもあったし、演劇もあったし、そのうえ、ミスコンもありました。ミスコンはうちのクラスの楊さんが見事に優勝しました。彼女は頭もいいし、スタイルもいいし、そのうえ性格が優しいので、人気があります。文化祭はとても盛り上がりました。私は文化祭の後片付けをして戻りました。文化祭が終わった後は、ゴミがたくさん落ちていました。ビンや、空き

正文单词

模擬店②⓪	[名]	临时小吃摊位
演劇⓪	[名]	戏剧
そのうえ⓪	[接続]	加上……
見事①	[ナ形]	精彩，出色
スタイル②	[名]	身材，外形
性格⓪	[名]	性格
盛り上がる④	[自五]	（气氛）热烈，高涨
後片付け③	[名・自サ]	收拾，整理，善后
ゴミ②	[名]	垃圾
ビン①	[名]	瓶子
空き缶⓪	[名]	空罐
ペットボトル④	[名]	塑料瓶
チラシ⓪	[名]	传单
減らす⓪	[他五]	减少，缩减
完全⓪	[名・ナ形]	完全
待ち遠しい⑤	[イ形]	急切等待，盼望

缶、ペットボトル、チラシなどです。文化祭の後片付けも大事な仕事です。一回の文化祭でこんなにゴミが出るとは思いませんでした。来年の文化祭はもう少しゴミを減らし、環境を考えた文化祭にしたいと思っています。今日の後片付けで、完全に文化祭は終了です。来年の文化祭が待ち遠しいです。

句型

1. Ｖ　ことにする／ことにしている。

　　接続：动词基本形／动词ない形　ことにする／ことにしている

　　用法："～ことにする"表示说话人主观决定做某事。当该决定形成某种习惯时，多用"～ことにしている"。

　　释义：决定……

　　例句

　　①冬休みには、ハルビンの友達のうちへ行くことにしました。

　　②3月は試験があるので、アルバイトをしないことにしました。

　　③私は毎日必ず日記をつけることにしています。

　　④夜はコーヒーを飲まないことにしています。

2. Ｖ　ことになる／ことになっている。

　　接続：动词基本形／动词ない形　ことになる／ことになっている

　　用法："～ことになる"表示出现某种客观结果。表示客观规定时，多用"～ことになっている"。

　　释义：定为……

　　例句

　　①来月から給料が上がることになりました。

　　②日曜日から4日間、日本へ出張することになりました。

　　③旅行に行く人は、20日までにお金を払うことになっています。

　　④2020年10月に北京で中国共産党第19期中央委員会第5回全体会議を開催することになりました。

3. Ｖ　てくる。

　　接続：动词连用形Ⅱ　てくる

用法（1）：表示由远及近的移动。

释义：……来了

⑩⑪

①子供が私の方へ歩いてきました。

②先生は先月日本から帰ってきました。

③授業が終わったので、学生たちが教室から出てきました。

④かっこいい男の人が隣の部屋に引っ越してきました。

用法（2）：表示从过去到目前为止某动作、状态一直持续。

释义：一直以来……

⑩⑪

①ずっと努力してきたが、なかなか結果が出ない。

②何百年も前から続いてきたこの伝統を、これからも守っていく。

③大学を卒業してから、ずっとここで仕事をしてきました。

④新時代の偉大な成果は党と人民がともに奮闘し、努力し、成し遂げてきたたまものである。

用法（3）：表示开始出现某个现象。

释义：（开始）……起来

⑩⑪

①ずいぶんたくさんの人が乗ってきましたね。

②最近、中国へ旅行に来る日本人が増えてきましたね。

③日本語の授業がだんだん難しくなってきました。

④少し太ってきたから、ダイエットを始めようと思います。

4. V　ていく。

接续：动词连用形Ⅱ　ていく

用法（1）：表示由近及远的移动。

释义：……走了，……去了

⑩⑪

①王さんは急いで帰っていきました。

②鳥の群れが山の方へ飛んでいきました。

③私が大きな声を出したので、猫が驚いて逃げていきました。

④授業が始まるので、グランドでバスケットボールをしていた学生たちが教室に入っていきました。

用法（2）：表示从现在开始，某动作或状态持续下去。

释义：……下去

例句

①日本の人口はだんだん減っていくでしょう。

②これからもずっと太極拳を練習していきます。

③今の日本語の勉強はつまらないかもしれませんが、これからおもしろくなっていくでしょう。

④中国共産党と中国人民は、人類の平和と発展という崇高な事業に新たなより大きな貢献をしていく。

5.　～てしょうがない。

接续：动词连用形Ⅱ／イ形容词词干く　　てしょうがない

ナ形容词词干　　　　　　　　　　でしょうがない

用法：表示无法控制的某种心理、身体状态。是"～てしかたがない"的口语表达形式。

释义：……得不得了

例句

①このところ、疲れがたまっているから、眠くてしょうがない。

②かわいがっていた猫が死んで、悲しくてしょうがない。

③人間関係が一番の原因で、今の会社が嫌でしょうがない。

④バレーボールを始めてから、毎日おなかがすいてしょうがない。

6.　～し、～し～。

接续："し"前面常接简体形式，郑重场合也可以使用敬体形式。

用法（1）：表示列举。

释义：既……又……

例句

①体も大きいし、力も強いです。

②勉強はできるし、スポーツも万能です。

③ここは空気がきれいですし、静かです。

④この街はにぎやかですし、高いビルも多いです。

用法（2）：表示原因、理由。

释义：因为……

例句

①ここは近いんだし、時々遊びに来てください。

②今日は暇だし、天気もいいから、散歩に行きましょう。

③用事もありますし、今日はこれで失礼します。

④A：どうして引っ越すんですか。

　　B：今のアパートは高いですし、うるさいですし、好きじゃないんです。

7. ～かもしれない。

接続:

分类	词例	非完了		完了	
		肯定	否定	肯定	否定
◆动词	行く	行く	行かない	行った	行かなかった
◆イ形容词	暑い	暑い	暑くない	暑かった	暑くなかった
◆ナ形容词	静か	静か	静かではない	静かだった	静かではなかった
◆名词	学生	学生	学生ではない	学生だった	学生ではなかった

用法: 表示推测。强调虽然发生的概率较低，但不可否认此可能性的确存在。

释义: 也许……

例句

①李さんは、来週は暇かもしれません。旅行に誘ってみましょう。

②南側に高いビルがあって、冬は寒いかもしれませんよ。別の部屋を借りましょう。

③ここよりもあっちのほうが静かかもしれないから、行ってみようか。

④ノックをしても返事がない。彼はもう寝てしまったかもしれない。また、明日来よう。

句型单词

必ず⓪	[副]	一定		新時代③	[名]	新时代
つける②	[他下一]	写上，记上		成果①	[名]	成果，成就，成绩
給料①	[名]	工资				
～期	[接尾]	届，期		ともに⓪	[副]	一同，共同
中央委員会⓪-②				成し遂げる④⓪	[他下一]	完成，做完
	[名]	中央委员会		たまもの⓪④	[名]	(得到的好)结果;
全体⓪	[名]	全体，总体				赏赐
方①	[名]	方，方向		群れ②	[名]	群，一帮
出る①	[自下一]	得出(结果)		出す①	[他五]	发出，产生
伝統⓪	[名]	传统		驚く③	[自五]	吃惊

句型单词

グランド⓪	[名]	运动场，操场	
人口⓪（じんこう）	[名]	人口	
減る⓪（へる）	[自五]	减少	
太極拳④（たいきょくけん）	[名]	太极拳	
人類①（じんるい）	[名]	人类	
平和⓪（へいわ）	[名・ナ形]	和平	
発展⓪（はってん）	[名・自サ]	发展，扩展	
崇高⓪（すうこう）	[名・ナ形]	崇高，高尚	
事業①（じぎょう）	[名]	事业	
新た①（あらた）	[ナ形]	新，重新	
貢献⓪（こうけん）	[名・自サ]	贡献	
このところ⓪	[名]	最近，近来	

かわいがる④	[他五]	喜爱，疼爱
人間関係⑤（にんげんかんけい）	[名]	人际关系
バレーボール④	[名]	排球
万能⓪（ばんのう）	[名・ナ形]	全能，全才
南側⓪（みなみがわ）	[名]	南侧，南面
あっち③	[代]	("あちら"的口语表达形式）那里，那边
ノック①	[名・自サ]	敲门
返事③（へんじ）	[名・自サ]	回话，答应；回信

注 解

1. そのうえ

   用法："そのうえ"是接续词，表示累加。

   释义：加上……

   例句

   ①中国は自然が豊かだ。そのうえ食べ物もおいしい。

   ②今日は日曜日で、そのうえ天気もいいので、どこへ行っても人が多いですよ。

   ③声が小さくて、そのうえ早口でしゃべるので、よく聞き取れなくて困ります。

   ④あのレストランの料理はとてもおいしいですよ。そのうえ店の雰囲気もとてもいいんです。

2. ～とは

   接続：简体形式　とは（名词、ナ形容词词干后面的"だ"可以省略）

   用法：表示碰到意想不到的情况时吃惊、感叹的心情。

   释义：竟然……

   例句

   ①こんな所で先生に会うとは。

   ②あの大学の入試問題が簡単だったとはびっくりしました。

③家族そろって世界一周旅行をするとは羨ましいです。

④あの有名な作家がそんなに若い男性とは驚いた。

注解单词

早口② （はやくち）	［名］	语速快		そろう② （そろう）	［自五］	聚齐，到齐
入試⓪① （にゅうし）	［名］	（"入学試験"的缩 略语）升学考试		作家⓪① （さっか）	［名］	作家
				そんなに⓪	［副］	（程度、数量）那么
びっくり③	［名・自サ］	吃惊				

练习 Ⓐ 替换练习。

1.

今のアパートは遠くて不便な		学校の近くに引っ越しする→	
直行便がない	ので、	船で行く→	ことにしました。
新車は高くて買えない		中古車を買う→	

2.

業務が急に増えた		東京に支店を作る→	
風が強い	ので、	飛行機は飛ばない→	ことになりました。
成績がよくなかった		また追試験を受ける→	

3.

	先週日本から帰る→	
李さんが	向こうから走る→	てきました。
	廊下を歩く→	

4.

	さっきここから出る→	
王さんは	友達とけんかして、泣きながら帰る→	ていきました。
	おみやげを買う→	

5.

公園で出会ってから、彼女のことが気になる→	
日本に来て3か月になるが、国に帰りたい→	てしょうがない。
試験に合格したので、うれしい→	

6.

経験もない→		パソコンもできない→		この仕事は私には無理です。
頭も痛い→	し、	熱もある→	し、	たぶん風邪だと思います。
ここは駅から遠い→		近くに店もない→		とても不便です。

7.

明日は雨が降る→		傘を持っていった	
インフルエンザ→	かもしれないから、	早く病院へ行った	ほうがいいですよ。
来週は忙しい→		この仕事は早く片付けた	

練习 B 根据图片或语境，仿照例句完成会话。

1.

例 A：楊さん、卒業後どうしますか。
　　B：いろいろ考えたんですが、<u>国へ帰る</u>ことにしました。

①
大学院

②
自動車専門学校

③

④
フリーター

2.

例 A：あっ、李さん。アルバイトの話、その後どうなりました
　　　か。
　　B：ええ、旅行会社で通訳をすることになりました。

旅行会社

① 　② 　③ 　④

3.

例 A：今まで、どんな仕事をしたことがありますか。
　　B：大学を卒業してから、ずっと教師をしてきました。

卒業後　今

① 　② 　③ 　④

4.

例 A：これからの世界はどうなるんでしょうね。
　　B：子供の数がだんだん減っていくでしょう。

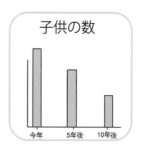

子供の数

今年　5年後　10年後

① 高齢者の数
今年　5年後　10年後

② ゴミの量
今年　5年後　10年後

③ 環境指数
今年　5年後　10年後

④ 生活水準
今年　5年後　10年後

5.

例 A：何かあったんですか。

B：試合で優勝して、うれしくてしょうがないんです。

① ② ③ ④

6.

例 A：楊さんは日本語が上手ですか。（頭がいい／努力家）

B：彼女は頭がいいし、努力家だし、すぐ上手になると思います。

①A：日本の生活にはもう慣れましたか。（生活に慣れない／日本語ができない）

B：いいえ。＿＿＿＿＿＿＿＿し、＿＿＿＿＿＿＿＿し、時々国へ帰りたくなります。

②A：鈴木先生はいい先生ですね。（教え方が上手だ／ユーモアがある）

B：はい。＿＿＿＿＿＿＿＿し、＿＿＿＿＿＿＿＿し、それに、とても優しいんです。

③A：どうしてこの店はよく売れるんですか。（値段が安い／品物が新しい）

B：＿＿＿＿＿＿＿＿し、＿＿＿＿＿＿＿＿ですから。

④A：このかばんはいかがですか。（形がいい／色がきれいだ）

B：そうですね。＿＿＿＿＿＿＿＿し、＿＿＿＿＿＿＿＿し、それに、値段も高くないですね。

7.

　　(例) A：傘を持っていくんですか。

　　　　B：ええ、雨が降るかもしれませんから。

　　① A：約束の時間に間に合いますか。

　　　　B：こんなに道が込んでいますから、＿＿＿＿＿＿かもしれません。

　　② A：月に300元くらいでアパートを借りたいんですが、無理でしょうか。

　　　　B：うーん、＿＿＿＿＿＿かもしれませんよ。

　　③ A：この傘、誰かの忘れ物ですか。

　　　　B：＿＿＿＿＿＿かもしれませんね。

　　④ A：友達の結婚式の時、この服を着ようと思っているんですが、おかしいでしょうか。

　　　　B：そうですね。＿＿＿＿＿＿かもしれませんよ。

练习 C 谈论大学里的课余活动。

1. 分组讨论以下问题。

　　Q1. あなたの大学では、毎年どんなイベントがありますか。

　　Q2. あなたはどんなイベントに参加したことがありますか。どれが一番人気ですか。

　　Q3. 一番興味のあるイベントは何ですか。どうしてですか。

2. 归纳小组讨论的结果，并填入下表。

イベント	いつ	形式	興味のあるところ
運動会	9月末	各種のスポーツ項目の競技	激しい競技が見られる

3. 介绍自己喜欢的大学活动，并整理成一篇文章。

关联词语

大学活动	コスプレショー、イベント、チャリティーバザー、展示、募金、歓迎コンパ、写真撮影、飲食店の出店、音楽ライブ、お化け屋敷、ファッションショー、バーベキュー、運動会、オープンキャンパス、読書会、弁論大会
开展方式	アニメやゲームなどの登場人物やキャラクターに扮する、交流会、企業の協賛を得る、著名人をゲストに呼ぶ、企画書を作る、イベントを告知する、開催の準備、当日運営と振り返り、SNS とイベントを連動させる、学生が主体となって運営する
感兴趣的原因	楽しさがある、人間味を感じる、いろいろなキャラクターが見られる、才能を発揮する、表現力や協調性・創造性を発揮できる場、自己啓発と学び、学生同士の交流が生まれる、交友関係を増やす、将来に向けてスキルアップしたい、同じテーマについて議論したい、仲間作り、社会問題の解決、新入生の勧誘、充実したキャンパスライフを送る、実行委員として活躍できる

练习单词

直行便⓪	[名]	直飞航班	レジ①	[名]	收银员，收银台
船①	[名]	船，舟	家庭教師④	[名]	家庭教师
新車⓪	[名]	新车	サラリーマン③	[名]	工薪阶层
中古車③	[名]	二手车	記者①②	[名]	记者
業務①	[名]	工作，业务	高齢者③	[名]	老年人
支店⓪	[名]	分店	指数②	[名]	指数
作る②	[他五]	创建，设立	水準⓪	[名]	水平，水准
追試験③④	[名]	补考	人々②	[名]	人们
けんか⓪	[名・自サ]	吵架	努力家⓪	[名]	勤奋的人
出会う②⓪	[自五]	邂逅，偶遇	ユーモア①	[名]	幽默
気になる	[連語]	担心，挂念	売れる⓪	[自下一]	畅销
インフルエンザ⑤	[名]	流行性感冒	色②	[名]	颜色
自動車②⓪	[名]	汽车，车	込む①	[自五]	拥挤
専門学校⑤	[名]	专科学校	忘れ物⓪	[名]	遗失物
フリーター⓪	[名]	自由职业者	服②	[名]	衣服
旅行会社④	[名]	旅行社	おかしい③	[イ形]	奇怪，可笑
通訳①	[名]	口译			

练习单词

イベント⓪	[名]	集会，活动；（比赛）项目	末⓪	[名]	（年、月等）末
形式⓪	[名]	形式，外表	各種①	[名]	各种
ところ③⓪	[名]	（形式体言）部分，点	競技①	[名]	（体育）比赛
			激しい③	[イ形]	激烈，强烈，猛烈

💡 小知识

日本的"俳句"

　　日本的俳句起源于"和歌"，是平安时代以后由和歌发展出的一种"連歌"的形式。先有"短連歌"，后又出现"長連歌"。连歌的首句为五、七、五结构，共十七个音节，被称为"発句"。"発句"此后分化出来，独立成诗，便是俳句。

　　早在奈良、平安时期，中国禅宗就已传入日本。最初为武士阶层所接纳，后在武士阶层的支持下发展壮大。室町末期的山崎宗鉴最早创造俳句，他以武士身份投身禅门，后跟随一休宗纯禅师学习禅法，文武之道备于一身，可以说最初创作俳句的便是一位禅僧。

　　俳人与禅宗关系密切，俳句更是如此。俳句亦可以理解为中国禅宗"文字禅"在日本的传承和发展，禅宗主张"不立文字"。宋代以后发展出"看话头"的参禅方式，从一个简短的话头中参悟禅机，以圆悟克勤的《碧岩录》为代表，更是发展出一种禅宗文学，将参悟话头与诗意美学完美地结合在一起。俳句仅由十七个音节组成，语言简练、意义深远。因此，从形式上看，与禅宗话头有接近之处。此外，俳句蕴含着禅机，体现了禅者修行的境界，展现了功夫悟境与诗情画意的统一。

Memo

第6課 社会見学

学习目标

① 能够使用日语谈论参观的目的、目标、要求等。

② 能够使用日语交流参观公共场所时的注意事项。

③ 能够使用日语介绍自己参观过的地方。

④ 了解日本的"能^{のう}"与"狂言^{きょうげん}"。

语法要点

❶ V　ようにする。
❷ V　ように、〜。
❸ V　ようになる。
❹ V　なくなる。
❺ 〜ため（に）、〜。（目的）
❻ V　なさい。
❼ V　な。

基礎会話

1. A：これからは、遅れないようにしてください。

   B：はい、これから気をつけます。

2. A：このやり方を全部覚えられますか。

   B：はい、忘れないように、ノートに書いておきます。

3. A：話すスピードが速いですね。

   B：練習したので、だんだん速く話せるようになりましたよ。

4. A：最近、タバコを吸わなくなりましたね。

   B：ええ、工場は禁煙ですから、やめました。

5. A：昨日、仕事の後、どこへ行きましたか。

   B：疲れを取るために、サウナへ行きました。

6. A：説明しますから、メモしなさい。

   B：はい、分かりました。

7. A：危ない。触るな。

   B：あっ、すみません。

基礎会話単語

社会①	[名]	社会
スピード⓪	[名]	速度
禁煙⓪	[名・自サ]	禁止吸烟
やめる⓪	[他下一]	停止，放弃
サウナ①	[名]	桑拿

応用会話

応用会話1　国会見学の注意事項1

鈴木老师带领短期赴日留学的学生到国会参观。

鈴木：さあ、いよいよ国会見学ですね。

楊　：ここが国会議事堂ですか。

鈴木：はい、そうです。では、中に入りますよ。

李　　：日本の政治の中心ですね。中がどうなっているのか楽しみです。

鈴木：中に入っても、皆さん、うるさく
　　　　しないようにしてください。

李　　：分かりました。先生、大丈夫で
　　　　す。うるさくしないようにしま
　　　　す。

鈴木：係の人から説明がありますから、
　　　　くれぐれもペンやノートを忘れな
　　　　いように、注意してください。そ
　　　　れと、出発時間に遅れないように
　　　　してくださいね。楊さんは班長で
　　　　すから、はぐれる人が出ないよう
　　　　にしてください。頼みますよ。

楊　　：分かりました。任せてください。

李　　：私も楊さんを手伝うようにします。

応用会話1单词

さあ①	[感]	啊（表期待）
いよいよ②	[副]	到底，终于
こっかい 国会⓪	[名]	国会
こっかい ぎ じ どう 国会議事堂⓪⑥	[名]	国会议事厅
せい じ 政治⓪	[名]	政治
ちゅうしん 中心⓪	[名]	中心，核心
かかり 係①	[名]	管理员，工作人员
くれぐれも③②	[副]	反复，周到，仔细
はんちょう 班長①	[名]	班长
はぐれる③	[自下一]	走散
まか 任せる③	[他下一]	托付，委托

応用会話2　　国会見学の注意事項2

管理员向同学们介绍参观国会议事堂的注意事项。

係員　　　　：皆さん、こんにちは。こ
　　　　　　　れから国会議事堂の注意
　　　　　　　事項を説明します。

クラスメート：はい。よろしくお願いし
　　　　　　　ます。

係員　　　　：国会議事堂では、携帯電
　　　　　　　話や写真撮影は禁止で
　　　　　　　す。それと、国会議事堂
　　　　　　　内はすべて禁煙です。

楊　　　　　：李さんはタバコを吸うで
　　　　　　　しょう。大丈夫ですか。

李　　　　　：大丈夫です。私は最近タバコをやめました。

応用会話2单词

かかりいん 係員③	[名]	管理员，工作人员
さつえい 撮影⓪	[名・他サ]	拍照，摄影
きん し 禁止⓪	[名・他サ]	禁止
～内	[接尾]	……里面
パンフレット①④	[名]	小册子
わあ①	[感]	呀，嘿，哇（表示惊讶、感叹）
ガードマン①	[名]	警卫，保安
コラ①	[感]	（呼唤、提醒注意或责备时）喂！呀！

楊	：そうですか。
李	：すみません。このパンフレットをもらってもいいですか。
係員	：はい、いいですよ。どうぞ。
李	：ありがとうございます。わぁ、難しい単語がたくさんありますね。
鈴木	：李さん、頑張ってください。だんだん読めるようになりますよ。
李	：そうですね。頑張ります。
ガードマン	：（保安制止做危险动作的儿童）（对小孩）やめなさい。
李	：子供も社会見学に来ているんですね。
ガードマン	：コラ、走るな。

正 文

国会議事堂

　今日は、社会見学で、国会議事堂に行きました。とてもいい体験でした。私ははじめて国会議事堂に入りました。国会議事堂は永田町にあり、とても大きな建物で、歴史を感じました。中には政治家、秘書、マスコミなどたくさんの関係者がいました。私たち以外の見学者もたくさんいました。初めに係の説明を聞きました。日本語も、政治の話も、とても難しくてよく分かりませんでした。私には政治の知識はありません。もっと政治に関心を持つようにします。そして、たくさんの政治の本を読むようにしたいです。中日友好のためにも、勉強します。残念なのは、日本の内閣総理大臣を見ることができなかったことです。帰りは、国会議事堂の前でクラスメートと記念写真を撮りました。今日はとてもいい勉強になりました。また日本に来た時は、国会議事堂を見学したいと思います。

正文単词

政治家⓪	[名]	政治家
マスコミ⓪	[名]	大众传媒
関係者③	[名]	有关人员
以外①	[名]	除了……
見学者④③	[名]	参观者
初め⓪	[名]	开始，最初
中日①	[名]	中国和日本
友好⓪	[名]	友好
内閣①	[名]	内阁
総理大臣④	[名]	总理大臣
帰り③	[名]	回去，返回
勉強になる	[連語]	学到知识，长见识

句 型

1. **V ようにする。**

   接续： 动词基本形／动词ない形　ようにする

   用法： 表示努力做（不做）某事。

   释义： 尽量（不）……

   例句

   ①明日からできるだけ毎朝6時に起きるようにします。

   ②絶対にパスポートを無くさないようにしてください。

   ③歯に悪いですから、甘い物を食べないようにしています。

   ④現代化建設の成果がより多く、より公平に全人民に行き渡るようにする。

2. **V ように、～。**

   接续： 动词基本形／动词ない形　ように、～

   用法： 表示目的。前多接非意志性动词和表示可能意义的动词等，前后两个分句的主语可以不一致。

   释义： 为了（不）……

   例句

   ①子供にも食べられるように、肉を小さく切ります。

   ②ほかの人にも聞こえるように、大きな声で話してください。

   ③遅刻しないように、目覚まし時計をセットしました。

   ④子供が触れないように、この薬は高い所に置きましょう。

3. **V ようになる。**

   接续： 动词基本形　ようになる

   用法： 表示能力、状况、习惯等的变化。

   释义： 变得开始（能）……

   例句

   ①先生の話が聞き取れるようになりました。

   ②1歳半の子がもう活発に歩くようになりました。

   ③1年間勉強して、今は日本語が話せるようになりました。

   ④人民はより幸せによりよい生活が送れるようになりました。

4. V　なくなる。

　　接续：动词ない形中的"ない"变为"なくなる"

　　用法：表示能力、状况、习惯等的变化。

　　释义：变得不（不能）……

　　例句

　　①あの道路は通れなくなりました。

　　②最近、王さんは遅刻しなくなりました。

　　③隣の猫がこのごろうちへ来なくなりました。

　　④小学生の息子が最近辞書を引かなくなりました。

5. ～ため（に）、～。（目的）

　　接续：动词基本形／名词　の　ために、～

　　用法：表示目的。前接意志性动词或名词，前后两个分句的主语必须一致。

　　释义：为了……

　　例句

　　①外国語を習うために、辞書を買いました。

　　②将来自分の店を持つために、貯金しています。

　　③パーティーのために、いろいろ準備しました。

　　④どのような人に育てるのか、いかに育てるのか、誰のために育てるのかは教育の根本的課
　　　題である。

6. V　なさい。

　　接续：动词连用形Ⅰ　なさい

　　用法：用于处于指导、指示立场的人对他人下达命令。

　　释义：请……

　　例句

　　①答えを教えなさい。

　　②もっと大きな声で話しなさい。

　　③遅いから、早く寝なさい。

　　④うるさいから、静かにしなさい。

7. V な。

接续: 动词基本形　な

用法: 表示禁止。除了认识的上级或长辈之外，可以用于任何人。不过由于语气较为强烈，日常会话中不常使用。

释义: 不要……

例句

①川で泳ぐな。

②危ない。触るな。

③危険だから、入るな。

④このことはほかの人に言うな。

句型单词

できるだけ⓪	[副]	尽可能		道路①	[名]	道路
絶対⓪	[副]	绝对		引く⓪	[他五]	查（词典等）
パスポート③	[名]	护照		貯金⓪	[名・自他サ]	存钱，储蓄
無くす⓪	[他五]	丢失		育てる③	[他下一]	养育，抚育；
現代化建設⑥	[名]	现代化建设				培养，教育
公平⓪	[名・ナ形]	公平		いかに②	[副]	如何，怎样
全人民①-⓪	[名]	全体人民		課題⓪	[名]	题目，习题；
行き渡る④	[自五]	普及，遍布				课题，任务
目覚まし時計⑤	[名]	闹钟		答え②③	[名]	答案
セット①	[名・他サ]	调节，调整		危険⓪	[名・ナ形]	危险
送る⓪	[他五]	度过				

注 解

1. **动词命令形**

本课学习了命令、禁止等表达方式。此外，动词命令形也可以表达命令语气。

命令形是说话人对听话人发出命令时使用的表达方式。日常会话中不常用，多用于口令、口号、号召、训斥等场合，且多用于年长男性对年轻男性、关系亲密的男性朋友之间。例④用于体育比赛中加油助威时，女性、小孩对大人也可以使用。

分类	接续方法	基本形	命令形
五段动词	将基本形词尾的ウ段假名变为该行的エ段假名	使う	使え
		書く	書け
		急ぐ	急げ
		話す	話せ
		立つ	立て
		死ぬ	死ね
		呼ぶ	呼べ
		読む	読め
		切る	切れ
一段动词	将基本形词尾的"る"去掉后加"ろ"或"よ"	起きる	起きろ・起きよ
		食べる	食べろ・食べよ
サ变动词	"する"变为"しろ"或"せよ"	する	しろ・せよ
		勉強する	勉強しろ・勉強せよ
力变动词	"くる"变为"こい"	来る	来い

例句

①勉強しろ！

②さっさと出ていけ！

③さあ、もっと食べろ！

④頑張れ！

注解单词

さっさと①	[副]	赶快，迅速

练习 A 替换练习。

1.

健康のために、毎日1時間ぐらい歩く→

明日からできるだけ約束の時間を守る→ ようにします。

これからは収集日以外にごみを外に出さない→

94

2.

上手に使える→		毎日練習しています。
風邪を引かない→	ように、	注意してください。
よく見える→		文字を大きくしました。

3.

今月からこの駅にも特急電車が止まる→	
やっとパソコンが使える→	ようになりました。
最近私は小説を読む→	

4.

	王さんはぜんぜん遅刻する→	
最近	このメールアドレスは使える→	なくなりました。
	流行語が分かる→	

5.

留学→		お金を貯めます。
勉強する→	ために、	ラジオを買いました。
子供→		本を買いました。

6.

諦める→		最後までやる→	
川で泳ぐ→	な。	プールで泳ぐ→	なさい。
入る→		外で待つ→	

练习 B 仿照例句完成会话。

1.

例 A：健康のために、何をしていますか。（野菜をたくさん食べる）

B：<u>野菜をたくさん食べるようにしています</u>。

①できるだけ運動する　　　　　　②週に1回プールで泳ぐ

③寝る前に食べる　　　　　　　　④お酒を飲む

2.

㊾A：<u>就職</u>のために、何をしていますか。（就職）

　B：<u>いい会社に入れるように</u>、<u>資格をたくさん取っています</u>。

　　　（いい会社に入る・資格をたくさん取る）

①将来／留学する・お金を貯める

②N1試験／1回で合格する・毎日2時間勉強する

③両親／寂しくなる・よく電話をする

④スピーチコンテスト／失敗する・よく練習する

3.

㊾A：<u>日本語の勉強</u>はどうですか。（日本語の勉強）

　B：<u>日本語が話せるようになりました</u>。（日本語を話す）

①足の具合／昨日から少し歩く　　②ピアノの練習／一曲弾く

③子供の体調／おかゆを食べる　　④漢字の勉強／少し書く

4.

㊾A：学生時代はよく<u>サッカーをしていました</u>か。（サッカーをする）

　B：はい、<u>していました</u>。でも、今は<u>しなくなりました</u>。

①旅行する　　　　　　　　　　　②料理を作る

③映画を見る　　　　　　　　　　④小説を読む

5.

㊾A：今、頑張っていることは何ですか。

　B：<u>日本に留学する</u>ために、<u>日本語を学んでいます</u>。（日本に留学する・日本語を学ぶ）

①新しいパソコンを買う・アルバイトする

②成績を上げる・よく図書館で勉強する

③体重を減らす・毎日走る

④日本人の友達を作る・会話を練習する

练习 **C** 谈论参观过的地方。

1. 分组讨论以下问题。

　　Q1. どこかへ見学に行ったことがありますか。

　　Q2. 簡単に説明してみてください。

　　Q3. 何か注意することがありますか。

2. 归纳小组讨论的结果，并填入下表。

場所	内容	注意事項
旅順博物館	旅順の歴史と文化を学ぶ	事前によく調べる

3. 介绍自己参观过的地方，并整理成一篇文章。

关联词语

参观用语	工場見学のご案内、申し込みの流れ、工場見学の概要、見学日、見学内容、見学方法、所要時間、見学料金、工場見学の対象、見学人数、団体枠、少人数枠、定員、予約受付期限、見学コース、質疑応答
禁止事项	禁煙、火気厳禁、禁酒、飲食禁止、ペット持込禁止、駐車禁止、駐輪禁止、通行禁止、車両進入禁止、立入禁止、駆け込み禁止、ポイ捨て禁止、フラッシュ禁止、撮影禁止、録音禁止、携帯電話使用禁止、電子機器使用禁止、遊泳禁止、ベビーカー使用禁止、キャンプ禁止、土足厳禁

练习单词

収集日③ しゅうしゅうび	[名]	收集日	
引く⓪ ひく	[他五]	得，患（感冒）	
文字① もじ	[名]	文字	
今月⓪ こんげつ	[名]	这个月	
特急電車⑤ とっきゅうでんしゃ	[名]	特快列车	
やっと⓪③	[副]	终于，好不容易；总算	
メールアドレス④	[名]	电子邮箱	

流行語⓪ りゅうこうご	[名]	流行语
貯める⓪ た	[他下一]	积攒
諦める④ あきら	[他下一]	放弃
スピーチ②	[名]	演讲
コンテスト①	[名]	比赛
一曲④⓪ いっきょく	[名]	一曲
体調⓪ たいちょう	[名]	身体状况
文化① ぶんか	[名]	文化

小知识

日本的"能 のう"与"狂言 きょうげん"

8世纪，"散楽 さんがく"从中国传到日本，被认为是"能""狂言"的起源。"散楽"中包含了杂技、魔术、木偶剧等表演艺术。进入平安时期后，散乐艺术受到都市文化、宫廷文化的影响，原本作为招牌艺术的杂技和魔术，被能让观众发笑的滑稽短剧所取代。这种短剧后来被称为"猿楽 さるがく"，用于神社的祭礼，京都、奈良等地的寺院里举行迎接新年的法会中也会出现。受法会上"追儺の行事（節分の鬼追い）ついな ぎょうじ せつぶん おにお"的影响，诞生了将"福は内、鬼は外 ふく うち おに そと"（福在内，鬼在外）戏剧化的全新的面具艺术。这种假面艺能，从镰仓末期到南北朝时期，融合了歌和舞，进化成被称为"能"的戏剧。

"狂言"继承了"猿楽"滑稽艺术的一面，是仅用语言和动作来表现一切的即兴短剧。"狂言"一词源自中国，指妄诞之语、放肆之言。狂言的最大特征是"笑"。以平民的日常生活和传说故事等为题材，通过语言表达和动作表演来滑稽地反映人类的习性和本质，使之成为"笑话"。在整个中世纪，以歌舞为中心的优美的象征剧——能，与通过写实的表演来滑稽地描绘人的姿态的喜剧——狂言，交替在同一个舞台上表演，两者保持着密不可分的关系。

能和狂言的创作者作为晚200多年出现的日本的国剧——"歌舞伎 かぶき"的原动力，积极地参与了歌舞伎的发展，在从歌舞剧转向台词剧的过程中发挥了关键作用。

Memo

第 **7** 課 協力

学习目标

❶ 能够使用日语向老师或者同学寻求帮助。

❷ 能够使用日语对老师或同学给予的帮助表达感激。

❸ 能够使用日语介绍在他人的协助下实现的目标。

❹ 了解日本的 "陶器^{とうき}" 与中国文化。

语法要点

❶ Ｖ　てやる／てあげる／てさしあげる。　　❷ Ｖ　てもらう／ていただく。

❸ Ｖ　てくれる／てくださる。　　❹ Ｖ　てくれませんか／てくださいませんか。

❺ Ｖ　てもらえませんか／ていただけませんか。　　❻ Ｖ　てほしい。

基础会话

1. A：日本人と友達になりたいんです
　　　が……
　　B：じゃ、今度紹介してあげましょ
　　　う。
2. A：推薦状はどうなりましたか。
　　B：先生に書いていただきました。
3. A：引っ越しはもう終わりましたか。
　　B：はい、みんなが手伝ってくれたの
　　　で、半日で終わりました。
4. A：この機械が動かないので、ちょっと見てくれませんか。
　　B：はい、いいですよ。
5. A：このアンケート調査に協力していただけませんか。
　　B：もちろんいいですよ。
6. A：ちょっと教えてほしいことがあるんですが……
　　B：はい、何ですか。

基础会话单词

きょうりょく 協力⓪	[名・自サ]	配合，共同努力
すいせんじょう 推薦状⓪③	[名]	推荐信
はんにち 半日④⓪	[名]	半天
アンケート①③	[名]	问卷调查，征询 意见
ちょうさ 調査①	[名・他サ]	调查

応用会话

应用会话1　　書類のチェック

· 小张拜托田中修改研究生入学材料。· · · · · · · · · · · · · · · ·

張　：田中さん、ちょっと手伝ってほしいことがあるんですが……

田中：はい、何ですか。

張　：私は今、大学院進学の準備をしています。この書類に日本語の間違いがないか、
　　　見てくれませんか。

田中：もちろんいいですよ。あ、でも……

張　：どうかしましたか。

田中：内容はちょっと専門的ですね。私
　　　には分からないかもしれません。

張　：確かに、専門用語が多いのですが
　　　……

田中：じゃあ、この分野に詳しい日本人
　　　を紹介してあげましょう。

張　：それはありがとうございます。ぜひお願いします。

应用会话1单词		
書類⓪	［名］	文件
間違い③	［名］	错，过错
専門的⓪	［ナ形］	专业（的）
専門用語⑤	［名］	专业术语

応用会话2　　推薦状の依頼

............................李明拜托铃木老师写去公司实习的推荐信。............................

李　：鈴木先生、すみません、ちょっとお
　　　願いしたいことがあるんですが……

鈴木：はい、何でしょう。

李　：実は今度、KYY社の研修に応募
　　　したいと思っているんです。それ
　　　で、先生に推薦状を書いていただ
　　　きたいのですが……

应用会话2单词		
研修⓪	［名・他サ］	进修，培训，实习
それで⓪	［接続］	因此，所以
締切り⓪	［名］	截止日期
お手数をおかけする		添麻烦（自谦语）

鈴木：そうですか。分かりました。書きましょう。いつまでに準備しなければいけませ
　　　んか。

李　：来週の土曜日が締切りですから、来週の月曜日までに書いていただけないでしょ
　　　うか。

鈴木：分かりました。じゃあ、急いで書きましょう。後でメールで連絡します。

李　：はい、ありがとうございます。お手数をおかけしてすみません。

鈴木：いえいえ。頑張ってください。

李　：はい。では、どうぞよろしくお願いします。

正文

新しい挑戦

　　私は今度、KYY社の研修に参加することになりました。応募者がとてもたくさんいたので、合格できるかどうか、本当に心配でした。今は、新しい挑戦にわくわくしています。この研修に応募する時、たくさんの人が協力してくれました。鈴木先生には推薦状を書いていただきました。キムさんには面接の時のマナーを教えてもらいました。楊さんも、面

正文単词

応募者③	[名]	应征者，应聘者
わくわく①	[副・自サ]	欢欣，雀跃
励ます③	[他五]	鼓励
おかげ⓪	[名]	托福，沾光
心②③	[名]	心
喜ぶ③	[自他五]	欢喜，高兴
指導⓪	[名・他サ]	指导
ビジネス①	[名]	商务
期間①②	[名]	期间

接を受ける時、緊張している私を励ましてくれました。そのおかげで合格できた時、みんな心から喜んでくれました。研修は1か月間です。KYY社の方に指導していただきながら、いろいろな仕事を体験します。ビジネス日本語をはじめて使うチャンスですし、仕事についてたくさんのことが学べると思います。研修期間は短いですが、きっと貴重な体験になるでしょう。研修が終わった後で、この体験を家族や友達に詳しく話してあげようと思います。

句 型

1. Ｖ　てやる／てあげる／てさしあげる。

　　接続：动词连用形Ⅱ　てやる／てあげる／てさしあげる

　　用法：表示"我"或者"我方的人"为他人做某事。主语仅为"我"或者"我方的人"。谦虚程度由高到低依次为"～てさしあげる""～てあげる""～てやる"。要注意，对上级当面表达想要为其做某事时，不能直接使用"～てさしあげましょうか"或"～てさしあげたいと思います"，这是不礼貌的。

　　释义：为（他人）……

例句

①私は花子さんに自転車を貸してあげました。

②祖母は、よく近所の子供に本を読んでやります。

③後輩の川田さんは山田先生を車で送ってさしあげました。

④私はお年寄りの荷物を持ってさしあげました。

2. Ｖ　てもらう／ていただく。

接続：动词连用形Ⅱ　てもらう／ていただく

用法：表示"我"对于他人为"我"或者"我方的人"所做的某事，感到高兴。主语仅为"我"或者"我方的人"。"～ていただく"比"～てもらう"更谦虚。

释义：为我……

例句

①私は係の人に切符を交換してもらいました。

②私は、鈴木先生にスピーチの原稿を直していただきました。

③弟は、10年前おじに買ってもらった辞書を、今も使っています。

④人民に満足してもらえる教育をしっかり行う。

3. Ｖ　てくれる／てくださる。

接続：动词连用形Ⅱ　てくれる／てくださる

用法：表示他人为"我"或者"我方的人"做某事，"我"对他人的好意或友善举动表示感恩。"～てくださる"比"～てくれる"更尊敬。

释义：为我……

例句

①女の人が私の財布を拾ってくれました。

②田中さんはとても親切で、私が困っている時、いつも助けてくれます。

③鈴木先生は私の話をよく聞いてくださいました。

④中国化・時代化したマルクス主義が有用であるということは実践がわれわれに教えてくれている。

4. Ｖ　てくれませんか／てくださいませんか。

接続：动词连用形Ⅱ　てくれませんか／てくださいませんか

用法：表示请求他人为自己（己方）做某事。"～てくださいませんか"比"～てくれませんか"更尊敬。

释义：（您）能帮我……吗？

例句

①この書類をコピーしてくれませんか。

②ちょっとテレビの音を小さくしてくれませんか。

③あのう、この花で花束を作ってくれませんか。

④山下さん、ちょっとこの文をチェックしてくださいませんか。

5.　V　てもらえませんか／ていただけませんか。

接続：动词连用形Ⅱ　てもらえませんか／ていただけませんか

用法：表示请求他人为自己（己方）做某事。"～ていただけませんか"比"～てもらえませんか"更谦虚。和"句型4"相比，"句型5"表达请求时的语气更礼貌，因此更常使用。

释义：我能请（您）……吗？

例句

①写真を撮りたいのですが、シャッターを押してもらえませんか。

②朝が苦手なので、明日起こしてもらえませんか。

③あのう、電話番号を教えていただけませんか。

④すみませんが、これの使い方を説明していただけませんか。

6.　V　てほしい。

接続：动词连用形Ⅱ　てほしい

用法：表示说话人对自己以外的人的希望或要求。也可用于表示盼望某事发生。否定形式为"～ないでほしい""～てほしくない"。

释义：我希望……

例句

①すみません、ちょっと手伝ってほしいのですが……

②両親にはいつまでも元気で長生きしてほしい。

③明日は遊園地へ行くから、雨が降らないでほしい。

④タバコは体に悪いから、あまり吸ってほしくない。

句型単词

祖母①	[名]	祖母，外祖母	中国化⓪	[名・自サ]	中国化
年寄り③④	[名]	老人	時代化⓪	[名・自サ]	时代化
交換⓪	[名・他サ]	交换，互换	有用⓪	[名・ナ形]	有用
原稿⓪	[名]	原稿	実践⓪	[名・他サ]	实践，实行
直す②	[他五]	修改	文①	[名]	句子
満足①	[名・自サ]	满足，满意	チェック①	[名・他サ]	检查，确认
しっかり③	[副・自サ]	好好地，充分地	シャッター①	[名]	快门
拾う⓪	[他五]	拾，捡；叫，拦（出租车）	起こす②	[他五]	叫醒；扶起；引起
			長生き③④	[名・自サ]	长寿

注解

1. それで

用法："それで"是接续词，表示原因或理由。

释义：因此，所以

例句

①ゆうべから熱がありました。それで今日は学校を休みました。

②食べすぎました。それでおなかが苦しいんです。

③財布を忘れて取りに帰りました。それで約束に遅れました。

④普通のゆずが売り切れました。それで高いゆずを買いました。

注解单词

苦しい③	[イ形]	难受，痛苦；艰苦，困难	ゆず①	[名]	香橙，柚子
			売り切れる④	[自下一]	卖完，脱销

練習　**A**　替换练习。

1.

	アルバイトを紹介する→	
私は田中さんに	自転車を貸す→	てあげました。
	中国語を教える→	

2.

	有名なレストランを紹介する→	
私は楊さんに	家族の写真を見せる→	てもらいました。
	食事をごちそうする→	

3.

	旅行のおみやげを届ける→	
キムさんが	おいしいお茶を贈る→	てくれました。
	仕事を遅くまで手伝う→	

4.

英語が分からない		日本語で説明する	
道を知らない	ので、	地図を描く→	てくれませんか。
日本語の発音がよくない		直す→	

5.

お茶を習い		いい先生を紹介する→	
奈良へ行き	たいんですが、	道を案内する→	てもらえませんか。
コピー機を使い		使い方を教える→	

6.

| すみません、ちょっと | 手伝う→
聞く→
見る→ | てほしいんですが…… |

练习 B 根据图片或语境，仿照例句完成会话。

1.

例 Ａ：入国管理局への行き方、分かりましたか。

　　Ｂ：はい、田中さんに<u>地図を描いてもらいました</u>。

①Ａ：自転車のパンク、どうしましたか。

　　Ｂ：自転車屋さんで＿＿＿＿＿＿＿＿＿＿＿＿。

②Ａ：大学院の推薦状、どうなりましたか。

　　Ｂ：はい、日本語の先生に＿＿＿＿＿＿＿＿＿＿＿＿。

③Ａ：申込書の書き方、分かりましたか。

　　Ｂ：はい、日本語の先生が＿＿＿＿＿＿＿＿＿＿＿＿。

④A：引っ越し、どうでしたか。

B：はい、張さんと楊さんが_____の

　　で、大丈夫でした。

⑤A：昨日、仕事で帰りが遅かったですね。晩ご飯はどうした

　　んですか。

B：上司の木下さんに_____。

⑥A：財布を落としたんですか。大変ですね。今日はどうしま

　　すか。

B：友達が_____。

⑦A：誕生日パーティーのケーキ、どうしますか。

B：李さんに_____。

⑧A：昨日、食事会を遅くまでしましたね。帰りはどうしたん

　　ですか。

B：同僚に_____から、大丈夫でした。

同僚

⑨A：出張で泊まるホテルはどうなりましたか。

　B：部下に＿＿＿＿＿＿＿＿＿＿＿＿＿。

⑩A：会議で使う資料はどうなりましたか。

　B：木下さんが＿＿＿＿＿＿＿＿＿＿＿＿＿。

2.

例 男の人：すみません。シャッター、押していただけませんか。

　張：あ、いいですよ。

　→張さんは男の人に写真を撮ってあげました。

①通りがかりの人：あのう、駅へ行きたいんですが……

　李：私も行きますから、一緒に行きましょうか。

　通りがかりの人：あ、そうですか。すみません。

　→李さんは＿＿＿＿＿＿＿＿＿＿＿＿＿＿＿＿＿＿

②王：あの人の荷物、たくさんあるね。

　私：持ってあげようか。

　王：そうね。

　→私と王さんは＿＿＿＿＿＿＿＿＿＿＿＿＿＿＿＿＿

③店の人：カタログをどうぞ。

　私：ありがとうございます。

　→店の人は＿＿＿＿＿＿＿＿＿＿＿＿＿＿＿＿＿

④私：コーヒーを入れましょうか。

　木下：はい、お願いします。

　→私は＿＿＿＿＿＿＿＿＿＿＿＿＿＿＿＿＿

⑤私：太極拳を習いたいんですが、いい先生を知っていますか。

　楊：はい、紹介しますよ。

　→楊さんは＿＿＿＿＿＿＿＿＿＿＿＿＿＿＿＿＿

⑥木村：明日は奈良を案内しますよ。

111

李：ありがとうございます。

→李さんは_____

⑦田中：来週お茶の会をやりますが、楊さんも一緒に来ませんか。

　私：はい、行きます。楽しみです。

→田中さんは_____

⑧私：このパソコンをもうちょっと安くしてくれませんか。

　店員：はい、1,000円割引できます。

→私は_____

⑨私：あ、細かいお金がない。

　キム：このスイカを使ってください。

　私：すみません。

→私は_____

⑩鈴木先生：すみません、6階お願いします。

　私：はい。6階ですね。

→私は_____

练习 C 谈谈在大学里，你在他人协助下做成的一件事。

1．分组讨论以下问题。

Q1．あなたは誰かに協力してもらって、希望が実現したことがありますか。

Q2．どんなことで協力してもらいましたか。

Q3．その協力のおかげで、どんな成果がありましたか。

2．归纳小组讨论的结果，并填入下表。

あなたの希望	誰かの協力で実現したこと	成果と感想
日本人と友達になる	日本人の先生が留学生を紹介してくださった	日本人と日本語で話すことができてうれしかった

3．介绍在他人的协助下做成的一件事，整理后口头讲述给班级同学听。

关联词语

期望的事	アンケート調査をする、引っ越しを迅速に終わらせる、プロジェクトを実行する、書類を準備する、学術論文を投稿する、学園祭で出店する
他人的协助	SNSで転送する、記入して回答する、荷物を運ぶ、サインをする、推薦書を書く、コメントをする、企画する
成果和感想	プロジェクトの質と成果に大きな影響を与えた、新たなプロジェクトに取り組むことを楽しんだ、大きな成功を納めることができた、ご協力のおかげで成し遂げることができた、チームワークが必要だった、一人一人の強みが活かされた、同じゴールに向かって進んだ、リーダーがメンバーを取りまとめた、複数のメンバーが協力し合った、共通の目標を達成した

练习单词

入国管理局⑦	[名]	出入境管理局
パンク⓪	[名・自サ]	爆胎
食事会⓪③	[名]	聚餐
同僚⓪	[名]	同事
部下①	[名]	属下
通りがかり⓪	[名]	偶然路过
カタログ⓪	[名]	商品目录

渡す⓪	[他五]	给，交给
割引⓪	[名・他サ]	折扣，打折
細かい③	[イ形]	零碎，细小；详细，细致
スイカ①	[名]	（日本交通卡）西瓜卡

日本的 "陶器" 与中国文化

日本陶瓷受中国文学、书法、绘画等影响较大。同时，陶艺也在日本美学思想的影响下，随着社会发展不断改进设计方式。因此，日本陶瓷的设计既受中国传统文化的影响，也有日本文化的特质。

我们知道，日本谚语、俳句、和歌等文学体裁，大多受到中国传统文学的影响。日本陶瓷设计中，中国诗句、典故中的意象常被化用，成为独特的装饰。

根据考古发现，日本出土的陶瓷制品中，最早有汉字出现的是与佛教有关的陶瓷。从陶瓷的款式可知，9世纪日本开始使用汉字，同时结合日本风格学习中国书法。到了江户时代，日本人就已经将汉字及书法等用于陶瓷的装饰。不仅如此，奈良时代结合了书法艺术的中国印章艺术也开始应用于日本的艺术创作中，并一度成为日本艺术作品中重要的组成部分。

日本陶瓷的绘画将中国各个时代的艺术特征和日本传统的绘画方式有机结合，创造出一种特殊的艺术形式。如日本画家绘画青山绿水或花鸟时，常常借鉴中国不同时代的艺术风格，作品既能体现宋元水墨画的含蓄，也能见出清初文人画的潇洒。

中国文学、书法、绘画等文化的影响，促进了日本陶瓷艺术的发展和革新。

Memo

第 8 課 病院で

学习目标

① 能够使用日语描述生病时的症状和感受。

② 能够使用日语谈论医疗救治及康复情况。

③ 能够使用日语叙述看病的经历。

④ 了解日本的 "冠婚葬祭"。

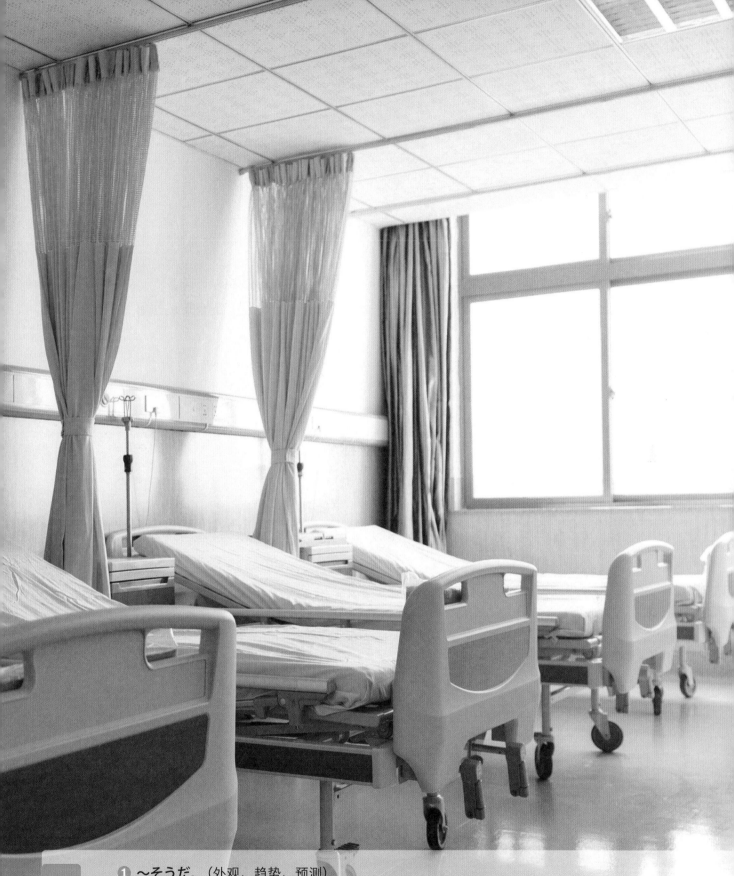

語法要点

① ～そうだ。（外观、趋势、预测）

② ～ようだ。（比喻、示例）

③ ～みたいだ。（比喻、示例）

④ N　らしい。（典型）

基础会话

1. A：どうしたんですか。具合が悪そう
　　　でですね。

　　B：おなかが痛いんです。

2. A：小野さん、仕事が終わった後、一
　　　緒に帰りませんか。

　　B：はい、ちょっと待ってください。後10分ぐらいで終わりそうです。

3. A：お体はもう大丈夫ですか。

　　B：ええ、来週退院できそうです。

4. A：優勝おめでとうございます。今の気持ちはどうですか。

　　B：まるで夢のようです。

5. A：みかんはおいしいですね。

　　B：そうですね。みかんのような果物にはビタミンCがたくさん入っていますから、
　　　体にいいですよ。

6. A：今の彼氏の一番いいところは何ですか。

　　B：うん……彼は男らしくて、熱い心があるところです。

基础会话单词

まるで⓪	［副］	恰似，宛如
みかん①	［名］	橘子
熱い②	［イ形］	热衷，热爱

应用会话

应用会话1　病院で

・・・・・・・・・・・・・・・・・・・・・・・・・・・・・・ 小张在医院看病。・・・・・・・・・・・・・・・・・・・・・・・・・・・・・・

医者：どうしましたか。

張　：自転車に乗っていた時、転びそうになったので、手を突いたんです。

医者：赤く腫れていますね。今も痛いですか。

張　：はい。

医者：骨が折れているかもしれませんね。
　　　レントゲンを撮ってみましょう。

張　：お願いします。

医者：手術のために入院してもらうこと
　　　になるかもしれません。

張　：手術ですか……痛そうですね。

医者：心配しないでください。麻酔をし
　　　ますから、少しも痛くありません
　　　よ。

応用会話1単词

転ぶ⓪	[自五]	倒下，跌倒
突く⓪	[他五]	支撑，拄着
腫れる⓪	[自下一]	肿胀
骨②	[名]	骨头
折れる②	[自下一]	折断
レントゲン⓪	[名]	X光片
手術①	[名]	手术
麻酔⓪	[名]	麻醉
少しも②⓪	[副]	一点也(不)，丝毫(不)

応用会話2　　お見舞いに行く

田中来医院探望小张。

田中：張さん、具合はどうですか。

張　：田中さん、お見舞いに来てくれた
　　　んですか。ありがとうございま
　　　す。まだ少し痛いんです。

田中：そうですか。手術はどうでした
　　　か。

張　：麻酔が効いていたので、少しも痛
　　　くありませんでした。

田中：そうですか。大変そうですね。

張　：はい。でも、来週には退院できそうです。

田中：それはよかったですね。何かほしいものはありますか。

張　：そうですね。チョコレートのような甘いものが食べたくなりました。

田中：分かりました。何か好きなチョコレートがありますか。

張　：ありがとうございます。何でもけっこうです。

応用会话2单词

効く⓪	[自五]	有效，起作用
チョコレート③	[名]	巧克力
でも	[取り立て助]	无论……，都……
けっこう①	[ナ形]	可以，行；够了，不用了

正 文

治療

　　この間、自転車に乗っていた時、転びそうになったので、手を突いて骨が折れてしまいました。とても痛くて死にそうでした。子供のように泣いてしまい、男らしくありませんでした。病院ではじめて手術を受けました。心配でしたが、麻酔が効いていたので、少しも怖くありませんでした。病院の看護師さんはとてもきれいで、優しくて天使のような人でした。友達がお見舞いに来てくれました。花や食べ物を持ってきてくれました。一人で病室にいるのはつまらなかったので、とてもうれしかったです。田中さんはおいしそうなチョコレートを買ってきてくれました。甘くてとてもおいしかったです。来週には退院できそうなので、友達と遊ぶ約束をしました。バスケットボールのようなスポーツはできませんが、散歩くらいはできます。早くけがを治して、バスケットボールがしたいと思っています。

正文单词

この 間⓪	[名]	前些天，这阵子
看護師③	[名]	护士
天使①	[名]	天使
病室⓪	[名]	病房
治す②	[他五]	治疗，医治

句 型

1.　～そうだ。（外观、趋势、预测）

　　接续：

分类	词例	接续方法
◆动词	降る	降り
	できる	でき
	暑い	暑
◆イ形容词	*いい／よい	よさ
	*ない	なさ
◆ナ形容词	静か	静か

"そうだ"是样态助动词，具体用法和释义分为以下三种。

用法（1）：表示根据事物的外观或视觉状态做出的判断。

释义：看样子像……

例句

①A：これ、おいしそうですね。B：じゃあ、食べてみましょうか。

②一見して簡単そうだけど、本当は難しいです。

③あの人は高そうな車を何台も持っています。

④子供は気持ちよさそうに寝ています。

用法（2）：表示某事即将发生。

释义：眼看就要……，马上就要……

例句

①あ、危ない。荷物が落ちそうですよ。

②ゆうべの風は強くて、木が倒れそうでした。

③彼女は今にも泣きそうな顔をして、部屋を飛び出しました。

④心のバランスが崩れそうになった時には、旅行に行くことがお勧めです。

用法（3）：表示某事有可能发生。

释义：好像……

例句

①今度の試験に合格できそうです。

②今日は早く仕事が終わりそうです。

③あそこに人が隠れていそうです。

④星が出ているから、明日はいい天気になりそうです。

"そうだ"接在イ形容词、ナ形容词词干后面时，否定形式为"～なさそうだ／～そうではない"；接在动词连用形Ⅰ、助动词连用形后面时，否定形式为"～そうもない／そうにない／そうにもない"。

例句

①このパンはおいしくなさそうです／おいしそうではありません。

②王さんは元気ではなさそうです／元気そうではありません。

③雨が降りそうもない／降りそうにない／降りそうにもない。

2. ～ようだ。（比喩、示例）

接続:

分类	词例	非完了		完了	
		肯定	否定	肯定	否定
◆动词	行く	行く	行かない	行った	行かなかった
◆イ形容词	暑い	暑い	暑くない	暑かった	暑くなかった
◆ナ形容词	静か	静かな	静かではない	静かだった	静かではなかった
◆名词	学生	学生の	学生ではない	学生だった	学生ではなかった

"ようだ"是比况助动词，具体用法和释义分为以下两种。

用法（1）：表示比喻，常与副词"まるで"搭配使用。

释义：好像……，宛如……

例句

①この雪はまるで綿のようです。

②あの子はりんごのような顔をしています。

③5月になったばかりだが、もう真夏になったような暑さだ。

④われわれは持続可能な発展を堅持し、自分の身を守るように自然と生態環境を守らなければなりません。

用法（2）：表示示例。

释义：像……一样，例如……

例句

①A：どんな音楽が好きですか。B：クラシックのような音楽が好きです。

②薬を飲んでもよくならないような場合は、医者に相談してください。

③パンダのようなかわいい動物は世界でも人気があります。

④北京のように世界中の人々が住む都市では、各国の本格的な料理を味わうことができる。

3. ～みたいだ。（比喩、示例）

接続: 前接ナ形容词和名词的非完了肯定形式时，与"ようだ"不同。除此以外，接续方法与"ようだ"一致。

分类	词例	非完了		完了	
		肯定	否定	肯定	否定
◆动词	行く	行く	行かない	行った	行かなかった
◆イ形容词	暑い	暑い	暑くない	暑かった	暑くなかった
◆ナ形容词	静か	静か	静かではない	静かだった	静かではなかった
◆名词	学生	学生	学生ではない	学生だった	学生ではなかった

"みたいだ"是比况助动词，是"ようだ"的口语表达形式。具体用法和释义分为以下两种。

用法（1）：表示比喻，常与副词"まるで"呼应使用。

释义：好像……，宛如……

例句

①このパンは石みたいに固い。

②あの二人は兄弟みたいに仲がいい。

③この大学のキャンパスはとてもきれいで、まるで公園みたいです。

④山の上に雪があって、まるで帽子をかぶっているみたいです。

用法（2）：表示示例。

释义：像……一样，例如……

例句

①映画みたいな恋がしたいです。

②歌舞伎みたいな日本の古典文化に興味があります。

③両親みたいに、お金を稼げるようになりたい。

④今、李さんが話しているみたいに日本語を上手に話したいです。

4. N らしい。（典型）

接续：名词／代词　らしい

用法："らしい"是接尾词，表示该事物的典型特征。

释义：十足的，纯粹的，像样的

例句

①あの方はおしとやかでいかにも女らしい方です。

②最近だんだん暖かくなり、春らしくなってきましたね。

③この言い方は日本語らしくないですね。

④A：毎日テレビばかり見ていて、どうするの。学生らしく、ちゃんと勉強しなさい。

　B：はーい。

句型単词

一見⓪	[名・他サ]	乍一看	動物⓪	[名]	动物
今にも①	[副]	马上，眼看	各国①⓪	[名]	各国
バランス⓪	[名]	平衡，均衡	本格的⓪	[ナ形]	正式的，真正的
崩れる③	[自下一]	崩溃，倒塌；失去	味わう③	[他五]	品尝；欣赏；体验
		原形，走形，零乱	石②	[名]	石头
隠れる③	[自下一]	隐藏，躲藏	仲①	[名]	关系，交情
星⓪	[名]	星星	恋①	[名]	恋爱，恋情
綿②	[名]	棉花	古典⓪	[名]	古典（作品）
真夏⓪	[名]	盛夏	稼ぐ②	[他五]	赚钱，挣钱
持続⓪	[名・自他サ]	持续	しとやか②	[ナ形]	端庄，娴静
可能⓪	[名・ナ形]	可能	いかにも②	[副]	实在，的确
身⓪	[名]	身体	春①	[名]	春天
生態⓪	[名]	生态	言い方⓪	[名]	说法，措辞
パンダ①	[名]	熊猫			

注 解

1. 少しも～ない。

用法：“少しも”是副词，后接否定表达形式，表示完全否定。

释义：一点也不……，完全不……

例句

①兄は母からたくさんおいしいものをもらいましたが、私には少しもくれませんでした。

②この論文は難しくて何を言っているのか少しも分かりません。

③10年ぶりに会いましたが、林さんは少しも変わっていませんでした。

④A：前回お医者さんに出してもらった薬はまだありますか。

　B：いいえ、少しも残っていません。無くなってしまいました。

2. 疑问词　でも

用法：表示全面肯定。

释义：无论……都……

例句

①スーパーマンは何でもできます。

②誰にでも秘密があります。

③あの人は大金持ちだから、お金はいくらでもありますよ。

④A：では、待ち合わせはいつにしましょうか。

　B：そうですね。水曜日は用事があります。それ以外はいつでもかまいません。

注解单词

残る②	[自五]	剩下
スーパーマン③	[名]	超人
秘密⓪	[名]	秘密

大金持ち④③	[名]	非常有钱的人，富豪
待ち合わせ⓪	[名]	会见，碰头

练习 A 替换练习。

1.

仕事が忙しい→	
準備がたいへん→	そうですね。手伝いましょうか。
荷物が重い→	

2.

この家は		壊れる→	
火が	今にも	消える→	そうです。
この袋は		破れる→	

3.

たくさん勉強してきた→		今度の試験に合格できる→	
空が曇っている→	から、	試合は中止になる→	そうです。
そんなに難しくない文章だ→		覚えられる→	

4.

あの監督はたいへん厳しい→		鬼→	
あの人は人気がある→	て、まるで	有名人→	ようです／みたいです。
星が輝いている→		ダイヤモンド→	

5.

李さん→	ような／みたいな人	
犬→	ような／みたいなペット	が好きです。
ジャズ→	ような／みたいな音楽	

6.

	言い方は	日本語	
この	やり方は	男	らしくない。
	話し方は	彼女	

7.

	問題は		難しくない。
この	映画は	少しも	おもしろくない。
	気持ちは		変わらない。

8.

どこ		
いつ	でもかまいません。	
だれ		

練習 **B**　根据图片或语境，仿照例句完成会话。

1.

例 A：李さんは<u>寂し</u>そうですね。どうしたんですか。

B：<u>国に帰りたがっている</u>んですよ。

2.

㋕ A：空が曇っていますね。雨が降りそうです。（降る）

B：洗濯物を取り込みましょう。

①A：あのう、荷物が＿＿＿＿＿＿＿＿＿よ。（落ちる）

B：あ、そうですね。じゃ、棚から降ろします。

②A：あ、あなたの袋は＿＿＿＿＿＿＿＿＿よ。（破れる）

B：じゃ、新しいのを買います。

③A：この家はすごく古いですね。

B：そうですね。＿＿＿＿＿＿＿＿＿。（壊れる）

④A：ゆうべの風は強かったですね。

B：そうですね。木が＿＿＿＿＿＿＿＿＿よ。（倒れる）

3.

㋕ A：今回の試験はどうでしたか。

B：そんなに難しくなかったから、合格できそうですよ。

①A：はさみはどこですか。

B：引き出しの中に＿＿＿＿＿＿＿＿そうです。

②A：この料理は簡単そうですね。

B：ええ、私にも＿＿＿＿＿＿＿＿そうです。

③A：空が曇っていますね。

B：試合は＿＿＿＿＿＿＿＿そうですね。

④A：道が込んでいますね。9時半の電車に間に合うでしょうか。

B：地下鉄なら、＿＿＿＿＿＿＿＿そうです。

4.

例 A：彼女はきれいですか。

B：はい、花のようにきれいです。

①A：キムさんは日本語が上手ですね。

B：はい、韓国人ですが、＿＿＿＿＿＿＿＿＿日本語をすらすら話しています。

②A：日本語は方言の差が大きいですね。

B：はい、最近、沖縄に行ったんですけど、言葉が分からなくて、まるで＿＿＿＿＿

＿＿＿＿＿。

③A：まだ10月ですよ。雪が降るのは、おかしいですね。

B：はい、冬＿＿＿＿＿＿＿＿＿。

④A：あの男の人は体がとても大きいですね。

B：はい、お相撲さん＿＿＿＿＿＿＿＿＿。

5.

例 A：どんな音楽が好きですか。

B：ポップスのような音楽／みたいな音楽が好きです。

> クラシック
> ジャズ
> ロック
> ポップス

① ② ③ ④

练习 C 谈论看病的经历。

1. 分组讨论以下问题。

Q1. 病院へ行ったことがありますか。

Q2. その時はどんな病気でしたか。どんな症状がありましたか。

Q3. お医者さんはどんな処置をしましたか。

Q4. 病気になった時、家族や友達に何か助けてもらったことがありますか。

2. 归纳小组讨论的结果，并填入下表。

病名	症状	処置
気管支炎	喉が痛くて、咳が止まらない	病院で1週間も点滴をしてもらった 薬を出してもらった

3. 介绍自己看病的经历，并整理成一篇文章。

关联词语

疾病	風邪を引く、虫歯、おなかを壊す、～にやけどをする／傷ができる、足をくじく、骨折する／骨が折れる、虫垂炎になる
症状	くしゃみ／咳／熱／鼻水が出る、歯茎／喉が腫れている、頭が痛い、体中がだるい、痛くて死にそうだ、食欲がない、めまいがする、熱が～度もある
医治方法	体温計で体温を測った、注射を打った、点滴をした、薬を出した、手術をした
亲友和同学的帮助	病院まで連れて行ってくれた、看病してくれた、薬を買ってきてくれた、お見舞いに来てくれた、落ち込んだ私を励ましてくれた、授業のノートを貸してくれた

练习单词

消える⓪	[自下一]	消失，熄灭
袋③	[名]	袋子
破れる③	[自下一]	裂开，破损
曇る②	[自五]	(天)阴
中止⓪	[名·他サ]	中止，(中途)停止
監督⓪	[名]	教练
鬼②	[名]	魔鬼；铁石心肠的人
有名人③	[名]	名人
輝く③	[自五]	闪耀，闪光
ダイヤモンド④	[名]	钻石
ジャズ①	[名]	爵士乐
話し方④⓪⑤	[名]	说话方式
別れる③	[自下一]	分手，离别

洗濯物⓪	[名]	要洗的衣服，洗过的衣服
取り込む⓪③	[他五]	收进，拿进
下ろす・降ろす②	[他五]	取下，拿下；卸下；提取
すらすら①	[副]	顺畅，流利
方言③	[名]	方言
差⓪	[名]	差别
症状③⓪	[名]	症状，病情
処置①	[名·他サ]	处理，措施；治疗
気管支炎④⓪	[名]	支气管炎
点滴⓪	[名·他サ]	(打)点滴

💡 小知识

日本的"冠婚葬祭"

"冠婚葬祭"指的是自古以来日本流传的"元服""婚礼""葬儀""祖先の祭祀"四大仪式。

"冠"指"元服"，即成人礼。日本奈良时代，贵族仿照中国儒家冠礼，为年满11岁的男子束发加冠、改换成年服，后来普及大众，逐渐发展出自身的民族特色。

"婚"即"婚礼"，指男女双方缔结婚约的仪式，以及婚礼、婚宴等所有与婚姻相关的仪式。日本的婚礼仪式大致分为"神前式""キリスト教式""仏前式""人前式"四种。其中，基于日本神道教信仰的"神前式"和中国的传统婚礼相比，独具特色。比如举行"神前式"的新娘从内衣、和服、外套到妆容都是白色的，婚礼仪式庄重严肃，不喜喧哗等。

"葬"指祭奠亡灵的仪式。日本现代以佛教的相关仪式为主，受中国古代殡葬形式的影响，流程上基本和中国相似。除了日本天皇有陵寝以外，其他人均用火葬，即骨灰安葬，火化后葬在寺院中。

"祭"是指祭祀祖先的活动。日本人吸收了中国中元节的文化风俗，发展出了盂兰盆节("お盆")，届时日本人大多要回乡祭祖，其隆重程度不亚于"お正月"。再如，日本人家里摆放的"祖霊舎"，是其日常生活中祭祀祖先的具体体现。

Memo

第 9 課 アルバイト

学习目标

① 能够使用日语交流兼职的内容。

② 能够使用日语谈论兼职的进展情况。

③ 能够使用日语分享兼职的心得体会及收获。

④ 了解日本的"茶道<ruby>茶道<rt>さどう</rt></ruby>"。

语法要点

1 ～ようだ。（推測）
2 ～みたいだ。（推測）
3 ～そうだ。（伝聞）
4 ～らしい。（推測）
5 ～と聞いている。
6 ～と言われている。
7 ～見える。
8 ～だろう。（推測）

基础会话

1. A：あれっ、鍵がかかっていますね。

   B：ええ、留守のようですね。

2. A：李さんは最近忙しいようですね。

   B：アルバイトをしているそうですよ。

3. A：ねえ、知っていますか。上野さんは病気で入院したそうですよ。

   B：えっ？大丈夫ですか。

   A：働きすぎて病気になったらしいですよ。

   B：それは大変ですね。

4. A：今日、先生は大学に来ていますか。

   B：先生は今、日本にいると聞いています。

5. A：先輩、店長はどんな人ですか。

   B：とても恐くて、「鬼」だと言われています。

6. A：私の父は、今年で50歳です。

   B：そうですか。とても若く見えますね。

7. A：遅いね、太郎さんは。

   B：おそらくもう来ないだろう。

基础会话单词

留守①	[名・自サ]	不在家，外出
店長①	[名]	店长，店铺负责人
おそらく②	[副]	恐怕，也许，大概

应用会话

应用会话1　アルバイトを探す

杨欣欣想打工，向小张咨询。

楊：張さん、アルバイトを探しているん
　　ですけど、どういう所で働くのがい
　　いですか。

应用会话1单词

履歴書⓪④　　　　[名]　简历，履历

張：そうですね。コンビニや居酒屋はどうですか。仕事が覚えやすいと言われています。

楊：そうですか。コンビニのほうがいいかもしれませんね。

張：大学の近くのコンビニがいいみたいですよ。日本人のお客さんがたくさん来るみた
　　いです。電話をしてみてください。

楊：はい。ありがとうございます。そうしてみます。

張：面接に行く時は履歴書も忘れないでね。

楊：はい。ちょっと緊張しますね。

張：友達の話によると、コンビニは忙しい時もあるけど、楽しいらしいですよ。

楊：そうですか。よかった。

張：じゃあ、頑張ってね。

楊：はい、頑張ります。

应用会话2　コンビニでアルバイトをする

杨欣欣如愿在便利店开始打工。

楊　　　　　：いらっしゃいませ。お弁当
　　　　　　は温めますか。

日本人の客：はい、お願いします。

楊　　　　　：全部で80元です。

应用会话2单词

暖める・温める④

　　　　　　　[他下一]　暖，热，烫
おつり⓪　　　[名]　　　找的零钱
うまい②　　　[イ形]　　好吃，可口；好，高明
真面目⓪　　　[ナ形]　　认真，诚实，老实
って　　　　　[格助]　　（"と"的口语表达形式）
　　　　　　　　　　　　表示内容

135

・・・　客人掏出100元钱。　・・・

楊　　　　　　：20元のおつりです。

日本人の客　　：どうも。

楊　　　　　　：ありがとうございました。

日本人の店長：楊さん、ずいぶん仕事に慣れてきたようですね。

楊　　　　　　：いえいえ、まだうまく話せなくて……

日本人の店長：他の人も、楊さんは真面目でいい人だって言っていますよ。

楊　　　　　　：そうですか。あ、お客さんが何か探しているようですね。行ってきますね。

日本人の店長：おそらく雑誌を探しているんでしょう。お願いします。

正　文

アルバイトの経験

日本語がもっと上手になるように、大学の近くにある日本のコンビニでアルバイトをすることにしました。履歴書を書いたり、面接の準備をしたり、とても大変でした。幸いにもなんとか面接に受かりました。アルバイトを始めて、もう1か月経ちました。最初は覚えることが多くて、苦労しましたが、今ではずいぶん慣れました。日本のコンビニは、何でもあると言われています。日本人は忙しい時には、食べ物や飲み物、化粧品などもコンビニで買うらしいです。私のコンビニの店員は身だしなみに気をつけているので、きれいに見えます。店長は40歳ですが、もっと若く見えます。私の働いているコンビニは、日本人のお客さんがたくさん来るので、日本語をたくさん使うチャンスがあります。お昼はとても忙しくなります。みんなお弁当を買いに来るので、レジは戦場のようです。これからもっとてきぱきと仕事ができるようになりたいと思います。

正文单词

幸い⓪（さいわ）	［副］	幸好，幸亏，正好
なんとか①	［副］	想办法，设法；总算，好容易才
苦労①（くろう）	［名・自サ］	辛苦，费事
化粧品⓪（けしょうひん）	［名］	化妆品
身だしなみ⓪（み）	［名］	注意仪表，注意礼节
戦場⓪（せんじょう）	［名］	战场
てきぱき①	［副・自サ］	直截了当，麻利，敏捷

1. ～ようだ。（推測）

接续：

分类	词例	非完了		完了	
		肯定	否定	肯定	否定
◆动词	行く	行く	行かない	行った	行かなかった
◆イ形容词	暑い	暑い	暑くない	暑かった	暑くなかった
◆ナ形容词	静か	静かな	静かではない	静かだった	静かではなかった
◆名词	学生	学生の	学生ではない	学生だった	学生ではなかった

用法："ようだ"是比况助动词，表示以听觉、视觉、嗅觉、味觉、触觉等为依据做出的直觉
判断，相对来说比较主观。经常与副词"どうも""どうやら""なんだか"搭配使用。

释义：好像……

例句

①A：あれっ、ちょっと変な匂いがするよ。

　B：これは、どうやらもう食べられないようだね。

②A：スミスさんは刺身が嫌いなようだね。

　B：そうね。全然食べないね。

③A：今年の夏は暑いね。

　B：どうも去年より暑いように感じるね。

④A：なんだか王さんは家にはいないようですね。

　B：そうですね。電気が消えていますから。

2. ～みたいだ。（推測）

接续：前接名词和ナ形容词的非完了肯定形式时，与"ようだ"不同。除此以外，接续方法与
　　　"ようだ"一致。

分类	词例	非完了		完了	
		肯定	否定	肯定	否定
◆动词	行く	行く	行かない	行った	行かなかった
◆イ形容词	暑い	暑い	暑くない	暑かった	暑くなかった
◆ナ形容词	静か	静か	静かではない	静かだった	静かではなかった
◆名词	学生	学生	学生ではない	学生だった	学生ではなかった

用法: "みたいだ"是比况助动词,是"ようだ"的口语表达形式。经常与副词"どうも""どうやら""なんだか"及其口语表达形式"なんか"搭配使用。

释义: 好像……

例句

①玄関で音がした。どうやら誰か来たみたいだ。

②どうも風邪を引いたみたいで、寒気がする。

③ベルを押しても誰も出ない。このうちはなんか留守みたいだね。

④A：ゆうべはほとんど眠れなかったんだ。

B：大丈夫？今日は無理しないほうがいいみたいだね。

3. ～そうだ。（传闻）

接续:

分类	词例	非完了		完了	
		肯定	否定	肯定	否定
◆动词	行く	行く	行かない	行った	行かなかった
◆イ形容词	暑い	暑い	暑くない	暑かった	暑くなかった
◆ナ形容词	静か	静かだ	静かではない	静かだった	静かではなかった
◆名词	学生	学生だ	学生ではない	学生だった	学生ではなかった

用法: "そうだ"是助动词,表示传闻。句首经常用"……によると""……によれば""……の話では"等形式来说明消息来源。

释义: 听说……,据说……

例句

①先輩の話によると、鈴木先生は厳しい先生だそうです。

②新聞で読んだんですが、12月に日本語のスピーチ大会があるそうですよ。出てみませんか。

③北海道に住んでいる友達の話では、札幌の雪祭りはとてもきれいだそうです。

④「一帯一路」共同建設は大きな成果を挙げてきたそうです。

4. ～らしい。（推測）

接続：

分类	词例	非完了		完了	
		肯定	否定	肯定	否定
◆动词	行く	行く	行かない	行った	行かなかった
◆イ形容词	暑い	暑い	暑くない	暑かった	暑くなかった
◆ナ形容词	静か	静か	静かではない	静かだった	静かではなかった
◆名词	学生	学生	学生ではない	学生だった	学生ではなかった

用法："らしい"是助动词，表示推测。根据看到或听到的客观信息做出推断，相对来说较为客观。经常与副词"どうも""どうやら""なんだか"搭配使用。

释义：好像……

例句

①どうも上田さんは留守らしいね。鍵がかかっているよ。

②その映画はどうやら予想以上におもしろかったらしく、彼は何度も見たそうです。

③Ａ：ね、聞いていますか。林さんには、なんだか恋人ができたらしいですよ。

　Ｂ：えっ、誰ですか。

④Ａ：今朝の天気予報によると、午後から雨が降るらしいよ。

　Ｂ：そうか。じゃ、遠足は中止だろうね。

5. ～と聞いている。

接続：简体形式　と聞いている

用法：表示传闻。

释义：听说……，据说……

例句

①Ａ：王さんは歌が上手だと聞いていますので、来週のパーティーで一曲歌ってくれませんか。

　Ｂ：えっ、私ですか。だめですよ。

②Ａ：新しい先生はとても優しいと聞いていますが、本当ですか。

　Ｂ：ええ、学生に人気がありますよ。

③A：鈴木先生はどこにいますか。B：鈴木先生は、今中国にいると聞いています。

④A：午後の会議は何時からでしたっけ。B：3時からだと聞いていますけど。

6. ～と言われている。

接续： 简体形式　と言われている

用法： 表示传闻。前多接社会普遍评价或格言、传说。

释义： 听说……，据说……

⑩例

①大連は「東北の真珠」だと言われています。

②昔から、目は心の窓だと言われています。

③日本は地震が多いと言われています。

④よくお金 ＝ 幸せだと言われているが、実は必ずしもそうではない。

7. ～見える。

接续： 动词连用形Ⅱて／イ形容词词干く／ナ形容词词干に／名词に　見える

释义： 看上去好像……

⑩例

①彼はいつもにこにこして、優しい人に見えるが、実は怒りっぽくて怖い人だ。

②怖く見える人の中にも、すごくいい人がいる。

③専業主婦は楽に見えますが、実は毎日忙しくて大変なんです。

④着こなし方で痩せて見える方法があります。

8. ～だろう。（推測）

接续：

分类	词例	非完了		完了	
		肯定	否定	肯定	否定
◆动词	行く	行く	行かない	行った	行かなかった
◆イ形容词	暑い	暑い	暑くない	暑かった	暑くなかった
◆ナ形容词	静か	静か	静かではない	静かだった	静かではなかった
◆名词	学生	学生	学生ではない	学生だった	学生ではなかった

用法： "たろう"是"でしょう"的简体形式，表示推测。常与"たぶん""おそらく"等表示推测含义的副词搭配使用。

释义：（大概）……吧

例句

①明日はたぶんいい天気だろう。

②来年は、おそらくまた物価が上がるだろう。

③A：道が込んでいるね。B：そうね。約束の時間に間に合わないだろうね。

④A：新しい先生は何歳くらいかな。B：たぶん30歳くらいだろう。

句型単词

どうも①	[副]	总觉得，有点儿	予想⓪	[名・他サ]	预想，预料
どうやら①	[副]	总觉得，好像	以上①	[名]	以上，超过
なんだか①	[副]	不知为何，总觉得	遠足⓪	[名・自サ]	远足，郊游
なんか①	[副]	（"なんだか"的口语表达形式）不知为何，总觉得	真珠⓪	[名]	珍珠
			必ずしも④⑤	[副]	不一定，未必
			にこにこ①	[副・自サ]	笑嘻嘻，高兴地微笑状
寒気③	[名]	寒气，发冷			
一帯一路⑥	[名]	一帯一路	怒りっぽい⑤	[イ形]	爱生气
共同⓪	[名・自サ]	共同	専業主婦⑤	[名]	家庭主妇
建設⓪	[名・他サ]	建设，创立	着こなす③	[他五]	穿着得体
挙げる⓪	[他下一]	得到，取得	痩せる⓪	[自下一]	瘦

注 解

1. V やすい／にくい。

接続：动词连用形Ⅰ　やすい／にくい

用法：表示该动作很容易（难）做到或该事情很容易（难）发生。

释义：容易……／难以……

例句

①彼は太りやすい体質なので、食べすぎないようにしているそうです。

②あの人の話は発音がはっきりしていなくて、分かりにくいです。

③先生は気さくで話しやすいが、奥さんは怖そうなので、家に遊びに行きにくい。

④中国政府は暮らしやすくて働きやすい農村を作ろうとしています。

注解单词

体質⓪	[名]	体质		政府①	[名]	政府
気さく⓪	[ナ形]	坦率，直爽		農村⓪	[名]	农村

練習 Ⓐ 替換練習。

1.

李さんは

留守→
仕事で忙しい→
猫が嫌いだ→
うちにいない→

ようですね／みたいですね。

2.

新聞によると、

今日の雪は今年の初雪→
台風の被害がひどい→
交通の問題が深刻だ→
日本で地震があった→

そうです。

3.

李さんの話では、野原先生の奥さんは

アメリカ人→
優しい→
きれいだ→
日本語が話せる→

らしいですよ。

4.

新しい先生は

日本の方→
全然厳しくない→
とても親切だ→
何でも丁寧に教えてくれる→

と聞いています。

5.

万里の長城は中国の象徴→	
タバコは体に悪い→	と言われています。
水不足の問題は深刻だ→	
アメリカへの留学はたいへん費用がかかる→	

6.

	俳優→	
あの人は	若い→	見えます。
	親切だ→	
	老ける→	

7.

熱が39度もある→		たぶん風邪→	
よく日本人と話すそうだ→	から、	日本語が上手だ→	だろう。
この問題はJLPT N1レベルだ→		とても難しい→	
よく頑張って勉強した→		合格できる→	

練習 **B** 根据图片或语境，仿照例句完成会话。

1.

例 A：王さんは<u>留守のよう／留守みたい</u>ですね。（留守）

B：そうですね。鍵がかかっていますね。

①A：田中さんは甘いものは全然食べませんね。（嫌いだ）

　B：そうですね。＿＿＿＿＿＿＿ですね。

②A：あそこにたくさんの人が集まっていますね。（ある）

　B：そうですね。＿＿＿＿＿＿＿ですね。

③A：あれっ、この魚は変な匂いがしますね。（腐る）

　B：そうですね。＿＿＿＿＿＿＿ですね。

④A：お客様、この服はいかがでしょうか。（大きい）

　B：ちょっと＿＿＿＿＿＿＿ですね。もう少し小さいのはありませんか。

2.

㋠ A：今朝の新聞は読みましたか。

B：いえ、まだです。何かあったんですか。

A：<u>日本で地震があった</u>そうですよ。

①B：えっ、日本のどこで地震があったんですか。

　A：＿＿＿＿＿＿＿＿＿そうですよ。

②B：えっ、いつ地震があったんですか。

　A：＿＿＿＿＿＿＿＿＿そうですよ。

③B：えっ、大きな地震だったんですか。

　A：＿＿＿＿＿＿＿＿＿そうですよ。

④B：えっ、被害はどうでしたか。

　A：＿＿＿＿＿＿＿＿＿そうですよ。

3.

㋠ A：このスマホ、いいですね。

B：今度、また新しいのが出ます。<u>デザイン</u>が今のより<u>もっときれい</u>らしいですよ。

①値段がもっと安い。

②使い方がもっと簡単だ。

③機能が増える。

④本体が丈夫だ。

4.

㋠ フィリピン／台風で被害が大変でした／たくさんの人が死んでいます

A：<u>フィリピン</u>は<u>台風で被害が大変だった</u>と聞いていますが、それは本当ですか。

B：ええ、<u>たくさんの人が死んでいる</u>そうですよ。

①中国／世界で一番自転車が多い国です／自転車大国です

②日本／温泉が多いです／火山がたくさんあります

③アメリカ／離婚率が高いです／女性がかなり自立しています

④大連／とてもきれいです／「東北の真珠」です

5.

〔例〕A：明日の天気はどうかな。
　　　B：明日は<u>晴れる</u>だろうね。

① 　② 　③ 　④

6.

〔例〕A：その<u>ボールペン</u>はどうですか。
　　　B：とても<u>書きやすい</u>ですよ。／ちょっと<u>書きにくい</u>ですよ。

① 　② 　③ 　④

練习　C　谈论兼职。

1. 分组讨论以下问题。

　Q1. アルバイトをしたことがありますか。

　Q2. どんなアルバイトをしたいですか。

　Q3. どうしてそのアルバイトをしたいのですか。

2. 归纳小组讨论的结果，并填入下表。

どんなアルバイトをしたいか	理由
日本語教室で日本語を教える	日本語を鍛えられる 人前で話す勇気が持てる

3. 访谈朋友想做的兼职及其理由，并做成一个访谈视频。

关联词语

兼职地点	喫茶店、日本語教室、工場、コンビニ、家庭教師、出版社、旅行会社、日系企業
理由	日本語を鍛えられる、人前で話す勇気が持てる、給料がいい、英語を使える、友達ができる、仕事ぶりが見られる、お金の大切さが分かる、いろいろな人とコミュニケーションができる、学生がかわいくて無邪気だ、楽しい、人間関係が簡単だ、自分の勉強・将来の仕事に役立つ

练习单词

初雪⓪ はつゆき	[名]	入冬后第一场雪，初雪
台風③ たいふう	[名]	台风
被害① ひがい	[名]	受害，损失
ひどい②	[イ形]	太过分，无情；厉害，严重
深刻⓪ しんこく	[ナ形]	严重，重大
丁寧① ていねい	[名・ナ形]	细心，周到；很有礼貌
象徴⓪ しょうちょう	[名]	象征
水不足③ みずぶそく	[名]	缺水
費用① ひよう	[名]	费用
俳優⓪ はいゆう	[名]	演员
老ける② ふ	[自下一]	苍老，衰老，上年纪
ＪＬＰＴ⓪ ジェー・エル・ピー・ティー	[名]	日本语能力测试

腐る② くさ	[自五]	腐烂，变质
震度① しんど	[名]	(地震)烈度，震度
～余り あま	[接尾]	余，多
本体①⓪ ほんたい	[名]	主体，机身
大国⓪ たいこく	[名]	大国，强国
火山① かざん	[名]	火山
離婚率② りこんりつ	[名]	离婚率
かなり①	[副・ナ形]	相当，很
自立⓪ じりつ	[名・自サ]	自立
晴れる② は	[自下一]	晴，放晴
鍛える③ きた	[他下一]	锻炼
人前⓪ ひとまえ	[名]	人前，众人面前
勇気① ゆうき	[名]	勇气

小知识

日本的"茶道"（さどう）

日本茶道是以茶接待客人的礼仪性活动。中国唐宋时期，很多日本留学生到中国求学，他们把中国种茶、制茶、烹茶的技术带回了日本，并把饮茶习惯推广到民间，后来形成"茶道"。

在日本历史上，真正把茶道提高到艺术水平的是战国时代的千利休。茶道的"四規七則"（しきしちそく）就是由他确定下来的，并一直沿用至今。所谓"四規"，即"和敬清寂"（わけいせいじゃく）。"和"（わ）指的是主客之间的和睦；"敬"（けい）指的是主客之间互相尊敬；"清"（せい）指的是茶室、茶具的清洁以及人心的清净；"寂"（じゃく）指的是恬淡、静寂、幽美的境界。所谓"七則"（しちそく）就是：满怀诚意奉上口感适宜的茶；添炭火候要恰到好处；为客人奉上的茶与季节相应，夏凉冬暖；插花的布置应如开放在原野般自然；在约定时间前即做好奉茶准备；万事都准备齐全；主客相互体谅。

日本茶道讲究"一期一会"（いちごいちえ）。主人要真心实意地款待客人，而客人也必须以此生不再相逢之情赴会，全身心地感受主人每一处细节上的用心，以诚相交。

和注重品饮本身的中国茶文化相比，日本茶道受禅宗文化的影响，更注重通过严谨有序的程序去陶冶情操。

第 10 课 旅行

1. 能够使用日语交流旅行计划。
2. 能够使用日语谈论中国的名胜古迹。
3. 能够使用日语讲述游记的内容。
4. 了解儒家思想与中日文化交流。

語法要点

1. 〜なら、〜。
2. 〜ば、〜。（条件）
3. V ばいい。
4. 疑問詞 V ばいいか。
5. V ずに、〜。

基础会话

1. A：旅行なら海のきれいな所へ行きたいですね。

   B：海のきれいな所なら、沖縄が一番ですよ。

   A：そうですか。家族で行きたいのですが……

   B：家族で行くなら、早めにホテルを予約したほうがいいと思います。

2. A：王先生の息子さんは大学の入学試験で700点ぐらい取ったらしいですよ。

   B：すごいですね。そんなに成績がよければどの大学でも入学できるでしょう。

3. A：チケットの予約センターに電話したいのですが、番号が分からなくて……

   B：114番にかけて聞けばいいですよ。

4. A：すみませんが、羽田空港へ行くにはどう行けばいいですか。

   B：この通りをまっすぐ行けば、すぐ着きますよ。

5. A：あっ、いけない。

   B：どうしました？

   A：ホテルの部屋の鍵をかけずに出てきてしまいました。

基础会话单词		
センター①	[名]	中心
通り③	[名]	道路，马路
いけない	[連語]	不好，坏，糟糕
かける②	[他下一]	上锁

应用会话

应用会话1　　小旅行の計画

李明和田中讨论短期旅行的计划。

李　：今度の休みに、瀋陽に小旅行に行こうと思っているのですが、一緒に行きませんか。

田中：瀋陽ですか。私は山東省の曲阜という所に行ってみたいと思っているのですが……

李 ：山東省ですか。曲阜もいい所ですね。行き先を変更して一緒に行きましょうか。

田中：そうしてください。曲阜に行くなら、どうやって行けばいいでしょうか。

李 ：大連から曲阜まで高速鉄道がありますよ。高速鉄道に乗るのがいいと思いますよ。

田中：高速鉄道ですか。いいですね。あ、そういえば、私は乗り物酔いしやすいんですが……

李 ：大丈夫ですよ。ゆったりとした自由席がありますから、乗り物酔いはしないと思いますよ。

田中：そうですか。でも……

李 ：心配なら、薬を持っていけばいいじゃないですか。

田中：そうですね。薬を持っていけば安心ですね。

应用会话1单词		
しょうりょこう 小旅行③	[名]	短期旅行
ゆ さき 行き先⓪	[名]	目的地，去向
へんこう 変更⓪	[名・他サ]	更改，改变
そういえば④	[連語]	这么说来，这么一说
の もの よ 乗り物酔い⓪	[名・自サ]	晕车，晕船
ゆったり③	[副・自サ]	宽敞，舒适；舒畅，悠闲
じゆうせき 自由席②	[名]	自由席，散座

应用会话2　　曲阜への小旅行

李明和田中的曲阜之旅。

李 ：ここが曲阜ですよ。景色がとてもきれいですね。

田中：そうですね。何時間も高速鉄道に乗ってきたかいがありましたね。

李 ：どこへ行きましょうか。

田中：そうですね……やっぱり孔子を記念する「孔子廟」に行きたいんですが……どう行けばいいでしょうか……

李 ：誰かに聞いてみましょう。「孔子廟」に行かずには帰れませんよね。

应用会话2单词		
かい⓪	[名]	价值，意义
おごそ 厳か②	[ナ形]	庄严，严肃
こうせき 功績⓪	[名]	功绩，功劳
ひぶん 碑文⓪	[名]	碑文
かんどう 感動⓪	[名・自サ]	感动
わす 忘れっぽい⑤	[イ形]	健忘

田中：やっぱり、厳かな雰囲気ですね。孔子の功績が書いてある碑文を読んで感動しました。

李　：大変勉強になりましたね。それじゃ、ホテルに帰りましょう。

田中：帰りましょう。あっ、そういえば、私、ホテルの部屋の鍵、どこに入れたかな。

李　：田中さん、忘れっぽいですね。ゆっくり探してください。

正　文

小旅行

先日、李君は私を瀋陽への旅行に誘ってくれました。でも、私は山東省の曲阜に旅行したいと思っていました。すると、李君は行き先を変更してくれました。

大連から曲阜に行くなら、高速鉄道に乗ればいいと李君は教えてくれました。私は乗り物酔いしやすいので、少し不安

正文单词

すると⓪	[接続]	于是；那么说来
不安⓪	[名・ナ形]	不安
持参⓪	[名・他サ]	带去，带来
勧める⓪	[他下一]	劝告，劝诱
スポット②	[名]	点，地点
思想⓪	[名]	思想
宗教①	[名]	宗教
影響⓪	[名・自サ]	影响
気がつく	[連語]	意识到，发觉

でしたが、李君はゆったりとした自由席があるので、大丈夫だと言いました。また、李君は乗り物酔いの薬を持参することを勧めてくれました。

いよいよ曲阜に着きました。景色がとてもきれいで、たくさんの観光スポットがありました。曲阜では、「孔子廟」に行きたいと思っていました。李君に案内してもらって、「孔子廟」へ行って、孔子の功績が書いてある碑文を読んで、とても感動しました。孔子の思想の教育と宗教への影響が分かって、大変勉強になりました。帰ろうとした時、ホテルの部屋の鍵をどこに入れたか忘れたことに気がつきました。李君は「ゆっくり探してください」と言いました。

1. ～なら、～。

（1）N　なら

接続：名词 なら

用法："なら"用于提示话题或限定话题的范围，后项多为叙述该话题范围内最具代表性或评价最高的事物。

释义：要说……，那还是……；说到……，还得是……

例句

①山なら、泰山_{たいざん}ですね。

②海鮮料理なら、大連が本場ですよ。

③お寿司なら、この店が一番いいですよ。

④ファッションなら、やっぱりパリが最高ですね。

（2）～なら

接続：动词基本形／イ形容词基本形／ナ形容词词干／名词 なら

用法："なら"用于提示话题或以某话题为前提，在此基础上提出说话人给对方的建议、意见、忠告、请求或陈述说话人的判断等。

释义：如果……，还是……比较好；要是……，还是……的好

例句

①A：お昼にラーメンが食べたいんですが……

　B：ラーメンなら、駅前の「来々亭_{らいらいてい}」がおいしいですよ。

②A：私は、この夏休み、旅行をしたいんですが……

　B：夏に旅行をしたいなら、北海道がいいですよ。

③A：朝から頭が痛いんです。

　B：そんなに痛いのなら、早く帰って休んだほうがいいですよ。

④A：ちょっと買い物に出かけますね。

　B：買い物に行くなら、パンを買ってきてくれませんか。

2. ～ば、～。（条件）

接続：动词／イ形容词／ナ形容词／名词 ば形

"ば"是接续助词，具体用法和释义分为以下三种。

用法（1）： 表示必要条件。说话人提出一个完成后项目标的最低条件，并强调该条件的必要性。

释义： 只要……就……；只要……就能……

例句

① 毎日練習すれば、上手になります。

② 学校に近ければ、家賃が高くても借ります。

③ 薬を飲まなくても、睡眠を十分に取れば、風邪が治ります。

④ 寝る前に温かい牛乳を飲めば、よく眠れますよ。

用法（2）： 表示假设条件。说话人提出前项的假设条件，会产生后项的结果。后项为表示说话人的意志、愿望、行为或说话人对他人的要求、命令、请求等内容。有时与表示假设语气的副词"もし"搭配使用。

释义： 如果……就……；要是……就……

例句

① 雨が降れば、あの道は込むでしょう。

② 仕事が早く終われば、一緒にお酒を飲みに行けますね。

③ もし体が大丈夫であれば、水泳の試合に出てほしいです。

④ もしお客様が学生であれば、当店は割引ができますが……

用法（3）： 表示客观规律、自然现象、一般真理、个人习惯等内容。不能与表示假设语气的副词"もし"搭配使用。

释义： 如果……就一定……；要是……就肯定会……

例句

① 2に3を足せば、5になる。

② 台風が近づけば、気圧が下がる。

③ 祖母は天気がよければ、毎朝近所を散歩します。

④ うわさをすれば、影がさす。

3. V ばいい。

接续： 动词ば形 いい

用法： 说话人提出达到某预期目标的一个最低条件，多用于向对方提出建议或解决方案。

释义： 只要……就可以了

例句

① A：家族旅行はどこがいいかな。

B：私にはよく分かりません。旅行会社に電話すればいいでしょう。いろいろ紹介してく

れると思いますよ。

②Ａ：誰に聞けば、この単語の意味を教えてくれますか。

　Ｂ：王さんに聞けばいいと思いますよ。

③Ａ：明日何時に出発しますか。

　Ｂ：10時に空港まで来ればいいですよ。

④Ａ：熱がなかなか下がらないんですが……

　Ｂ：では、この薬を飲めばいいでしょう。

4.　疑问词　Ｖ　ばいいか。

　接续：疑问词　动词ば形　いいか

　用法：用于询问应怎么做才能达到前项的目标。较礼貌的说法是"疑问词　Ｖ　ばよろしいですか"。

　释义：……该怎么做好呢?

（例句）

①すみません。上野公園へ行くには、何番のバスに乗ればよろしいですか。

②Ａ：もう少し痩せたいんですが、どうすればいいですか。

　Ｂ：毎日運動をすればいいでしょう。

③Ａ：地下鉄の駅まで行きたいんですが、どう行けばいいですか。

　Ｂ：この道をまっすぐ行けば、駅ですよ。

④Ａ：切符を買いたいんですが、どこを押せばいいですか。

　Ｂ：あ、切符を買いたいなら、一番大きいボタンを押せばいいですよ。

5.　Ｖ　ずに、～。

　接续：动词ない形中的"ない"变为"ずに"

　用法：表示在不做或没做前项的条件下做后项动作。口语表达形式是"～ないで"。"する"后接"ずに"时，变为"せずに"。

　释义：不(没)……就……了

（例句）

①朝ご飯を食べずに学校へ来ました。

②連絡せずに人の家を訪ねるのはちょっと失礼です。

③切手を貼らずに手紙を出してしまいました。

④従来の形式にこだわらずに、常に新しい人材を求め、各分野の優秀な人材を党と人民の事業のために結集する。

句型单词

かいせんりょう り					
海鮮料理⑤	[名]	海鲜料理	うわさ⓪	[名]	谣言；传闻
ほんば			かげ		
本場⓪	[名]	发源地，本地（正宗）	影①	[名]	影子
ファッション①	[名]	流行，时尚；时装	さす①	[自五]	照射
すいみん			じゅうらい		
睡眠⓪	[名]	睡眠	従来①	[名]	以往，以前
もし①	[副]	如果，要是	こだわる③	[自五]	拘泥
とうてん			かく		
当店①	[名]	本店	各〜	[接頭]	每个，各个
ちか			けっしゅう		
近づく③	[自五]	临近，靠近	結集⓪	[名・自他サ]	
き あつ					集结，聚集
気圧⓪	[名]	气压			

注 解

1. 动词ば形

分类	接续方法	基本形	ば形
五段动词	将基本形词尾的ウ段假名变为该行的エ段假名后加"ば"	会う	会えば
		行く	行けば
		泳ぐ	泳げば
		話す	話せば
		立つ	立てば
		死ぬ	死ねば
		遊ぶ	遊べば
		飲む	飲めば
		作る	作れば
一段动词	将基本形词尾的"る"去掉后加"れば"	起きる	起きれば
		食べる	食べれば
		忘れる	忘れれば
サ变动词	将"する"变为"すれば"	する	すれば
		勉強する	勉強すれば
力变动词	将"来る"变为"来れば"	来る	来れば

2. イ形容词、ナ形容词、名词ば形

分类	接续方法	基本形	ば形
◆ イ形容词	将基本形词尾的 "い" 去掉后加 "ければ"	おいしい	おいしければ
		美しい	美しければ
		難しい	難しければ
		*いい／よい	よければ
◆ ナ形容词	词干后加 "であれば" 或 "なら (ば)"	静かだ	静かであれば／静かなら (ば)
		きれいだ	きれいであれば／きれいなら (ば)
		有名だ	有名であれば／有名なら (ば)
		丈夫だ	丈夫であれば／丈夫なら (ば)
◆ 名词	后面直接加 "であれば" 或 "なら (ば)"	学生	学生であれば／学生なら (ば)
		先生	先生であれば／先生なら (ば)
		中国人	中国人であれば／中国人なら (ば)
		日本人	日本人であれば／日本人なら (ば)

3. そういえば

用法：一般置于句首，表示想起或意识到与话题相关的某事。

释义：这么说来，这么一说

例 句

①A：すごい雨ですね。

　B：そういえば、台風が来るってテレビで言っていましたよ。

②A：もうすぐ冬休みですね。どこかいい温泉に行きたいですね。

　B：そういえば、田中さんも温泉に入りたいって言っていましたよ。

③A：おなか、すいていませんか。

　B：そういえば、朝から何も食べていませんでしたね。

④A：李さんは今日も欠席しましたね。

　B：そういえば、先週から来ていませんね。

4. ～っぽい。

接续：动词连用形Ⅰ／名词　っぽい

用法："っぽい" 是接尾词，表示有某种感觉或有某种倾向，或某种成分非常多。

释义：经常……，总是……，偏……

例句

①あの人は忘れっぽくて困りますよ。

②課長は仕事がよくできますが、ちょっと怒りっぽい方ですね。、

③こんなささいなことで怒るのは、子供っぽいですよ。もう30歳でしょう。

④A：新発売の牛乳を飲んでみましたか。

　B：うん。でも、水っぽくてあまりおいしくありませんでしたよ。

注解单词

| 欠席⓪ | [名・自サ] | 缺席 | ささい① | [ナ形] | 些许，细微 |
| 課長⓪ | [名] | 科长 | 新発売③ | [名・他サ] | 新发售，新出售 |

練習 A 替换练习。

1.

日本語の勉強→		この学校だ。
歴史の研究→	なら、	鈴木先生だ。
ストレス解消法→		バドミントンが一番だ。

2.

毎日運動する→		痩せる。
優勝できる→	ば、	賞品がもらえる。
お客さんが外国人である→		免税で買い物ができる。

3.

博物館	
銀行	へ行くには、どう行けばいいですか。
図書館	

4.

お風呂に入る→		寝てしまいました。
予習をする→	ずに	授業に出ました。
母に電話をかける→		いきなり家に帰りました。

5.

	怒る→	
李さんは	忘れる→	っぽい人です。
	子供→	

练习 Ⓑ 看图，仿照例句进行会话练习。

1.

例 A：メガネはどこですか。
　　B：メガネなら、机の上ですよ。

① 　② 　③ 　④

2.

例 A：電子辞書を買いますか。
　　B：ええ、安ければ買いますが……

3.

例 A：日本語がもっと上手になりたいんですが……

B：日本人の友達を作ればいいですよ。

①日本のドラマを見る

②大きな声で教科書を読む

③日本語能力試験の勉強をする

④日本語コーナーに参加する

4.

例 A：海外へ旅行するには、どうすればいいですか。

B：まず、旅行会社へ行って聞いてみてください。

①学校へ行く／バスに乗る

②先生になる／教育学を勉強する

③ダイエットをする／甘いものを食べないようにする

④日本語の会話が上手になる／声を出してテキストを読む練習をする

5.

例 A：どうしましたか。

B：朝寝坊してしまって、朝ご飯を食べずに学校へ来てしまいました。

练习 C **谈论旅行。**

1. 分组讨论以下问题。

　　Q1. 旅行が好きですか。その理由は何ですか。

　　Q2. 旅行なら、誰と一緒に行きたいですか。

　　Q3. 一番旅行に行きたい所はどこですか。どうしてですか。

2. 归纳小组讨论的结果，并填入下表。

旅行に行く

旅行が好きな理由	誰と一緒に行くか	一番行きたい所	行きたい理由
大自然が楽しめる	友達	国内なら桂林など 海外ならハワイなど	景色がきれいだから

3. 介绍自己的旅行经历，并整理成一篇游记。

关联词语

旅行时间	３連休、ゴールデンウイーク、お正月、春節、国慶節、冬休み、夏休み
旅行地点	国内：桂林、雲南、大理、杭州、上海、海南 海外：イタリア、オーストラリア、タイ、マレーシア、ローマ
旅行伙伴	家族、友達、クラスメート、恋人、同僚、一人で
喜欢旅行的理由	観光ができる、おいしいものを食べられる、地元の文化を勉強できる、一人でのんびりできる、忙しい生活から離れられる、日常生活が忘れられる

练习单词

賞品⓪	[名]	奖品
免税⓪	[名・自他サ]	免税
いきなり⓪	[副]	突然，冷不防

手帳⓪	[名]	备忘手册，记事本
テキスト①②	[名]	教材，教科书
大自然③	[名]	大自然

小知识

儒家思想与中日文化交流

孔子创立的儒家思想自汉武帝"罢黜百家，独尊儒术"之后，逐渐成为中国的主流思想。于1700多年前传到日本，对日本的社会道德、文化教育以及经济、政治、生活都产生了巨大影响。

圣德太子颁布了17条以儒家思想为基础的法律，并在儒家思想的指导下进行政治改革。这在很大程度上加强了皇权，有利于以后中央集权制度的建立，同时也激发了日本人学习中华文化的热情。日本开始借鉴唐文化并派出遣唐使和学问僧来华学习及研究儒家思想，日本政府正式任命遣唐使来中国"请益"，派遣成行的就达到十余次之多。也正是这一时期的大批留学生从中国带回大量的儒家思想典籍，为儒学在日本的传播奠定了坚实基础。大化改新后，日本还曾仿照唐朝的教育制度，建立了日本贵族学校的教育体制，在国内大力发展儒学教育。到了德川幕府时代，儒家思想在日本的发展逐渐鼎盛。从官学到私学，从学校教育到社会教育全面实行儒家教育，强行禁止"异学"，使儒家思想成为德川时代的统治思想。

孔子道德理论中的"为政以德"思想，极大地影响了古代日本革新政治家们的理念，成为其对当时日本社会进行改革的思想基础和行为指导。日本建立了中央集权的体制之后，儒家"仁""义"思想被推崇为治国安民之道。淳仁天皇更是曾发布敕令，要求各级官吏以儒家的"仁义礼智信"作为施政标准。儒学的一部分价值观以及有关伦理道德的阐述，至今仍是日本社会公序良俗的基础，也是日本国民行为规范的指导思想和道德准绳。

第 11 課　誕生日

学习目标

① 能够使用日语讨论生日聚会的计划。

② 能够使用日语介绍收到的生日礼物。

③ 能够使用日语讲述生日日记的内容。

④ 了解鉴真和尚东渡的故事。

语法要点

① V と、～。

② ～たら、～。

③ V たらどうか。（建议）

④ どうしたらいいか。

V といいよ。

⑤ V と、～た。（发现）

⑥ V たら、～た。（发现）

基础会话

1. A：すみませんが、11号館はどこで
　　　すか。
　　B：ここを曲がると食堂があります。
　　　11号館はその右です。

2. A：もう10時ですよ。
　　B：えっ？もうこんな時間？
　　A：そうですよ。急がないと王さんの
　　　誕生日パーティーに間に合いませんよ。

3. A：あっ、傘を忘れました。
　　B：雨が降ったら、どうするんですか。

基础会话单词

〜号館	[接尾]	……号馆
急用⓪	[名]	急事
アルバム⓪	[名]	相册；专辑
いくら①	[副]	无论怎么……也
ドラマ①	[名]	电视剧，戏剧，广播剧
上達⓪	[名・自サ]	进步，提高

4. A：山田さん、王さんの誕生日パーティーに行きますか。
　　B：はい、行きますよ。
　　A：よかった。王さんに会ったらこのプレゼントを渡してくれませんか。急用ができて行けなくなってしまって……
　　B：あ、はい、いいですよ。

5. A：王さんの誕生日祝いにアルバムを贈ったらどうですか。
　　B：いいですね。

6. A：もっと日本語が上手に話せるようになりたいです。どうしたらいいですか。
　　B：毎日たくさん練習するといいですよ。
　　A：でも、いくら練習しても、日本人のように話せなくて……
　　B：日本語のドラマを見てまねをしたら少し上達すると思いますよ。

7. A：昨日は寒かったですね。
　　B：そうですね。朝、外に出ると、雪が降っていたので、驚きました。

8. A：先週はじめて一人で旅行に行ったんですね。大丈夫でしたか。
　　B：ええ、空港に着いたら、友達が迎えに来てくれていました。

応用会话

应用会话1　鈴木先生の誕生日パーティーを計画する

李明和杨欣欣在商量为铃木老师举办生日聚会的事情。

李：あさっての試験の最終日は、鈴木先生の誕生日です。サプライズパーティーを計画しませんか。

楊：それはいいですね。パーティーを開いたら、先生はびっくりするでしょうね。でも、李君はなぜ鈴木先生の誕生日を知っているんですか。

李：先輩の話を聞いて、たまたま鈴木先生の誕生日を知りました。

应用会话1单词		
最終日③	［名］	最后一天
サプライズ③	［名］	惊喜
開く②	［他五］	开，举办
たまたま⓪	［副］	偶然，碰巧
なるほど⓪	［感］	原来如此
分担⓪	［名・他サ］	分担
了解⓪	［名・他サ］	理解，明白
内緒③⓪	［名］	秘密
台無し⓪	［名・ナ形］	糟蹋，作废，泡汤

楊：なるほど。誕生日パーティーを開くなら、何を準備したらいいでしょうね。

李：準備するものがたくさんありそうです。私と楊さんで分担したらどうですか。

楊：そうしましょう。そうすると、私は何を準備したらいいですか。

李：私がケーキを準備しますので、楊さんは飲み物と果物を準備してください。

楊：了解です。ケーキは近くのケーキ屋で予約しておいたほうがいいですよ。

李：そうですね。パーティーのこと、鈴木先生には絶対内緒ですよ。

楊：絶対言いません。鈴木先生に話すと、この計画が台無しになってしまいます。

应用会话2　鈴木先生の誕生日パーティー

在铃木老师的生日聚会上，李明和杨欣欣在与老师交谈收到了什么礼物。

李　　　　：鈴木先生、お誕生日おめでとうございます。

鈴木先生：今日は、私のために誕生日パーティーを開いてくれて、どうもありがとう。昨日、い

应用会话2单词		
バースデー①	［名］	生日
届く②	［自五］	送到，到达
奥様①	［名］	夫人，太太
家庭⓪	［名］	家庭
改めて③	［副］	再，重新

いことがありました。家に帰ると、日本の友人からのバースデーカードが届いていたんです。

李　　　：それはよかったですね。奥様は今日の誕生日に何をしてくれますか。

鈴木先生：昨日の夜、家に帰ったら、妻はおいしい料理を作ってくれると言いました。

楊　　　：それは、とても幸せですね。将来、私も結婚したら、鈴木先生のような家庭を作りたいな。

鈴木先生：ありがとうございます。私は皆さんに誕生日パーティーを開いてもらって、とても幸せです。

楊　　　：先生が喜んでくださって、私たちもとてもうれしく思います。鈴木先生、改めてお誕生日おめでとうございます。

鈴木先生：ありがとう。次の試験が終わったら、また家に遊びに来てください。妻も待っています。

正 文

鈴木先生の誕生日パーティー

　昨日、私は李君と話をしていました。李君の話を聞いていると、試験の最終日が鈴木先生の誕生日だということを知り

正文単词

| りそう
理想⓪ | [名] | 理想 |
| ふうふ
夫婦① | [名] | 夫妇 |

ました。李君は先輩から鈴木先生の誕生日を聞いたそうです。そこで、私と李君は、先生の誕生日パーティーを計画しました。私は飲み物と果物、李君はケーキを準備しました。ケーキは近くのケーキ屋に予約しました。サプライズパーティーにしたかったので、鈴木先生にはこのパーティーは内緒にしました。

　今日、鈴木先生の誕生日パーティーを李君たちと一緒に開きました。鈴木先生はとても喜んでくださいました。私たちもとてもうれしく思いました。昨日、鈴木先生が家に帰ると、鈴木先生の友達からバースデーカードが届いていたそうです。また鈴木先生の奥様は、おいしい料理を作ってくれると言ったそうです。鈴木先生とマリーさんは理想の夫婦だと思います。私は、将来結婚したら、鈴木先生のような家庭を作りたいと思います。

句型

1. V　と、〜。

"と"是接续助词，具体接续、用法和释义分为以下两种。

用法（1）：

接续：动词基本形　と

用法：表示前项出现或成立后，就会产生后项的结果。多用于自然的事情、机器的使用方法、路线说明、反复动作、个人习惯、社会惯例等。

释义：一……就（会）……，每……就（会）……

例句

①1と2を足すと、3になります。

②赤いボタンを押すと、お湯が出ますよ。

③この道をまっすぐ行くと、左側に橋があります。

④この曲を聞くと、元カノのことを思い出します。

⑤私はコーヒーを飲むと、眠れなくなりますので、これ以上は飲みません。

⑥初心を忘れずに、自分の使命を胸に刻んで、みんなが頑張ると、「小康社会」が実現すると信じています。

用法（2）：

接续：动词基本形／动词ない形　と

用法：表示忠告或警告。

释义：如果……就……，要是……就会……

例句

①そんな話をすると、先生が怒りますよ。

②甘いものをたくさん食べると、太りますよ。

③金曜日までにレポートを出さないと、不合格になりますよ。

④日本語が分からないと、日本での生活は大変ですよ。

2. 〜たら、〜。

"たら"是接续助词，具体接续、用法和释义分为以下两种。

用法（1）：

接续：

分类	词例	肯定	否定
◆ 动词	飲む	飲んだら	飲まなかったら
◆ イ形容词	暑い	暑かったら	暑くなかったら
◆ ナ形容词	静か	静かだったら	静かではなかったら
◆ 名词	学生	学生だったら	学生ではなかったら

用法："〜たら"表示假设条件，有时与表示假设语气的副词"もし"搭配使用。

释义：如果（要是）……

例句

①明日暇だったら、家へ遊びに来ませんか。

②天気が悪かったら、試合は中止です。

③この薬を飲んだら、咳は止まります。

④もし明日雨じゃなかったら、海へ遊びに行こうと思っています。

用法（2）：

接续：动词连用形Ⅱ　たら

用法："〜たら"表示确定条件，说明前项动作的完成是做后项动作的前提条件。

释义：等（当）……了之后（再）……

例句

①誕生日パーティーの会場に着いたら、電話してくださいね。

②李さんに会ったら、このプレゼントを渡してください。

③食事会が終わったら、王さんのうちへ遊びに行きませんか。

④宿題が終わったら、遊びに行ってもいいですよ。

3. V　たらどうか。（建议）

接续：动词连用形Ⅱ　たらどうか

用法：表示说话人提出建议或忠告。较礼貌的说法是"V たらいかがでしょうか"。

释义：……怎么样呢？

例句

①分からない単語があったら、辞書で調べたらどうですか。

②社会勉強したいなら、アルバイトをしたらどうですか。

③課長の誕生日に、ネクタイを贈ったらいかがでしょうか。

④日本語が上手になりたいなら、日本人の友達を作ったらいかがでしょうか。

4. どうしたらいいか。

V　といいよ。

接続：どうしたらいいか

　　　動詞基本形　といいよ

用法："どうしたらいいか"用于征求对方的意见或指示，"～といいよ"用于回答。

释义：该……做才好呢？

　　　一般情况下（出于个人经验建议）这么做就可以了

例句

①A：先輩、面接がいつもうまくいかないのですが、どうしたらいいでしょうか。

　B：就職セミナーに行ってアドバイスをもらうといいですよ。

②A：仕事がまだたくさん残っているんだ。どうしたらいいかな。

　B：鈴木さんに頼むといいですよ。優しい人ですから。

③A：電車にかばんを忘れました。どうしたらいいですか。

　B：駅の事務所に届け出てみるといいでしょう。だいたい見つかりますよ。

④A：先生、理想体重まであと3キロですが、なかなか痩せられません。どうしたらいいで

　　しょうか。

　B：甘いものを我慢して、たくさん運動するといいですよ。

5. V　と、～た。（発現）

接続：動詞基本形　と、～た

用法：表示以前项动作的结束为契机，发现已经发生、已经存在的事物等，后项常用过去式。

　　　功能与"句型6"一样。

释义：一……发现……了

例句

①トンネルを出ると、そこは銀世界でした。

②このボタンを押すと、電気がつきました。

③待ち合わせの駅に着くと、王さんはもう来ていました。

④町を歩いていると、知らない人が声をかけてきました。

6. V　たら、～た。（发现）

接续：动词连用形Ⅱ　たら、～た

用法：表示以前项动作的结束为契机，发现已经发生、已经存在的事物等，后项常用过去式。
功能与"句型5"一样。

释义：一……发现……了

例句

①王さんの家を訪ねたら、留守でした。

②ドアを開けたら、鈴木さんが立っていました。

③お金を入れたら、「売り切れ」の表示がつきました。

④町を歩いていたら、知らない人が声をかけてきました。

句型单词

元カノ⓪	[名]	前女友	届け出る④⓪	[他下一]	报告
初心⓪	[名]	初心，初衷	見つかる⓪	[自五]	能找出；被发现
使命①	[名]	使命，任务	あと①	[副]	（后接数量词）
胸②	[名]	胸部，胸膛；胸			再，还
		怀，内心	我慢①	[名・他サ]	忍耐，抑制
刻む⓪	[他五]	雕刻；铭刻，牢记	トンネル⓪	[名]	隧道
小康社会⑤	[名]	小康社会	銀世界③	[名]	银色世界
不合格②	[名]	不合格	つく①②	[自五]	打开，接通，点着
うまくいく	[連語]	进展顺利	売り切れ⓪	[名]	完售，脱销
セミナー①	[名]	课堂讨论；讨论会	表示⓪①	[名・他サ]	表示，显示
事務所②	[名]	事务所，办事处	声をかける	[連語]	打招呼

注 解

1. そうすると

用法：一般置于句首，承接对方所叙述的事件。

释义：那么的话，那样的话

例句

①A：マリーさんはパーティーに行かないと言いましたよ。

B：えっ、そうすると、行くのは私と山田さんだけですね。

②A：ホテルを出るのは5時で、新幹線に乗るのは5時半です。

　　B：そうすると、買い物の時間がありませんね。

③A：参加者は100人から200人に増えました。

　　B：そうすると、今の会場では小さすぎてできなくなりますね。

④A：遠足に行きたい人が30人もいるようです。

　　B：そうすると、バスで行くことになりますね。

注解単词

　参加者③　　　　　　［名］　参加者

練習 Ⓐ 替换练习。

1.

まっすぐ行く→		銀行	
前を曲がる→	と、	小学校	があります。
右に曲がる→		郵便局	

2.

急がない→		遅刻するよ。	
そんないたずら電話をしてくる→	と、	警察に言うよ。	
お金を返さない→		訴えるよ。	

3.

もし時間がある→		旅行する→	
明日天気がいい→	たら、	山に登る→	たいです。
そのかばんが高くない→		私も一つ買う→	

4.

国へ帰る→		王さんに会う→	
授業が終わる→	たら、	ちゃんと復習する→	てください。
休みになる→		遊びに来る→	

5.

| 分からない問題があるなら、 | 先生に電話する→
自分で調べる→
先輩に聞く→ | たらどうですか。 |

6.

| もっと料理を上手に作る→
もう少し痩せる→
日本人の友達を作る→ | には | どうしたらいいですか。 |

7.

| 今朝 | 窓を開ける→
冷蔵庫を開ける→
教室へ来る→ | と、 | 雪が降っている→
牛乳がない→
誰もいない→ | た。 |

8.

| 昨日 | 先生に電話する→
会社へ来る→
ドアを開ける→ | たら、 | 留守→
張さんが休んでいる→
人が大勢いる→ | た。 |

练习 B　看图，仿照例句进行会话练习。

1.

例 A：すみませんが、<u>図書館</u>はどこですか。
　　B：<u>この橋を渡る</u>と<u>すぐそこに</u>ありますよ。

①   ②   ③   ④

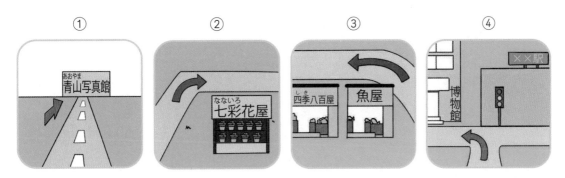

2.

例 A：<u>暑いですね</u>。

B：<u>暑かっ</u>たら<u>窓を開けて</u>もかまいませんよ。

①   ②   ③   ④

3.

例 A：<u>日本の空港に着いた</u>ら<u>電話して</u>ください。

B：はい、分かりました。

①   ②   ③   ④

4.

例　A：昨日から歯がとても痛いんですが……
　　B：それなら、歯医者に行ったらどうですか。

①　　　　　　　　②　　　　　　　　③　　　　　　　　④

留学するか仕事をするか迷っているんですが……
プレゼントを何にするか迷っているんですが……
この文章の意味が分からないんですが……

お弁当を何にするか迷っているんですが……

5.

例　A：レポートを書きたいのですが、どうしたらいいですか。
　　B：インターネットで資料を調べるといいですよ。

①　　　　　　　　②　　　　　　　　③　　　　　　　　④

6.

例　A：いや、あの時は、驚きました。
　　B：どうしたんですか。
　　A：窓を開けたら、雪が降っていたんですよ。

① ② ③ ④

练习 C 谈论生日。

1. 分组讨论以下问题。

　　Q1. 今まで一番うれしかった誕生日プレゼントは何ですか。

　　Q2. 去年の誕生日は、どう過ごしましたか。

　　Q3. 両親の誕生日を知っていますか。プレゼントをしたことがありますか。

2. 制作一张生日礼物清单。

もらった誕生日プレゼント

プレゼント	誰から	好きな理由
辞書	山田さん	日本語の勉強に役立つ

誰かに贈りたいもの

いつ	何を	プレゼントにしたい理由
母の誕生日	ハンドクリーム	手のケアができる

3. 将自己一次难忘的生日经历整理成PPT，并展示给同班同学。

关联词语

礼物的种类	楽器、目覚まし時計、手袋、商品券、図書券、ぬいぐるみ、ノートパソコン、かばん、靴、花束、ライター、ネクタイ
功能	自由に買い物できる、手の保温ができる、本などが借りられる、いろいろな音楽が楽しめる、相手が喜んでくれる、調べ物ができる
感情	うれしい、喜ぶ、感動する、感謝する

练习单词

いたずら⓪	[名・ナ形・自サ]	淘气，恶作剧
訴える④③	[他下一]	起诉，控告；申诉，呼吁
大勢③	[名]	许多人，众人
橋②	[名]	桥
写真館②	[名]	照相馆
歯医者①	[名]	牙医

サンドイッチ④	[名]	三明治
制作⓪	[名・他サ]	创作，制作
細い②	[名]	细，纤细
千切り⓪④	[名]	（把蔬菜等）切成细丝
ハンドクリーム⑤	[名]	护手霜
ケア①	[名・他サ]	看护，护理

💡 **小知识**

鉴真和尚东渡

我国唐代高僧鉴真，历经六次东渡，最终于公元753年抵达日本奈良。他为日本的佛学、医学的进步以及建筑水平的提升等诸多方面都做出了杰出的贡献，被日本称为"天平之甍"。其中，鉴真和尚对日本佛教文化的影响尤为突出且深远。

在鉴真到达日本之前，日本的佛教一直都没有统一、规范的授戒制度。因为当时的奈良佛教界还并不具备授戒所必需的"三师七证"（即三名高师授戒，七名高师在场作证），对戒律相关要求和内容的了解也并不通达。鉴真到达奈良之后，于东大寺建立戒坛院，为日本佛教建立了严格的受戒制度，创建了日本律宗。日本人奉鉴真为律宗初祖。他无私地将自己和弟子带来的佛学经书供日本佛教界人士抄写转录，这些戒律著作大大丰富了日本佛教界的戒律知识，弥补了不足之处。他通过传教、办学、翻译经文等方法推动了日本佛学的进步。

同时，鉴真和尚所著的《鉴上人秘方》也在日本流传开来，其中部分验方被收录在现存日本最古老的医学书《医心方》里，为日本医药学做出了重要贡献。虽然在东渡途中鉴真就已双目失明，但他能够通过摸、闻、尝等方式准确辨认中药材，将我国鉴别、制作、配方、储存、使用中药的方法传授给日本人，因此鉴真被尊称为"日本汉方医药之祖"。

此外，鉴真及其弟子还向日本传播了中国的建筑、绘画、书法、雕塑等文化艺术，为日后的发展提供了重要参考，也为中日两国的经济文化交流做出了杰出的贡献。

第**12**課 事件

学习目标

① 能够使用日语谈论某种被动的状态。

② 能够使用日语交流事件经过。

③ 能够使用日语讲述某次事故。

④ 了解日本的"遣隋使_{けんずいし}"和"遣唐使_{けんとうし}"。

语法要点

❶ N1 は N2 に V れる／られる。（基本被动）

❷ N1 は N2 に N3 を V れる／られる。（所有者的被动）

❸ N1 は N2 に V れる／られる。（受害的被动）

❹ N1 が／は N2 に／によって V れる／られる。（客观情况的被动）

❺ ～ため（に）、～。（原因）

❻ ～からだ。

❼ ～のに、～。

基础会话

1. A：近所で強盗事件が起きたそうです
　　　ね。
　B：はい、私も警察にいろいろなこと
　　　を聞かれました。

2. A：どうして犬を見たら逃げるんです
　　　か。
　B：子供の頃、犬に手をかまれたことがあるんです。

3. A：田中さんは急用ができて来られないそうです。
　B：えっ、そうなんですか。急に休まれるのは困りますね。

4. A：昨日の事件、知っていますか。
　B：もちろん知っていますよ。新聞に大きく書かれていましたから。

5. A：事故のため、現在5キロの渋滞だそうです。
　B：困りましたね。このままじゃ遅刻しちゃいますよ。

6. A：どうして電車が動かないのですか。
　B：事故があったからです。

7. A：もう10時なのに、まだ宿題が終わらないんです。
　B：明日は朝から授業があるのに、困りましたね。

基础会话单词

事件①	[名]	事件，案件
強盗⓪	[名]	强盗，抢劫
かむ①	[他五]	咬

应用会话

应用会话1　　被害にあった話

李明和田中在讨论小金家被盗之事。

李　：キムさんは泥棒に入られたそうですね。

田中：窓ガラスを割られて、お金とパソコンを取られたらしいですよ。

李　：田中さんも気をつけてください。

田中：私の部屋は8階ですから、大丈夫です。

李　：でも、最近の泥棒はコンピューターの中にもいますからね。

田中：えっ、どういうことですか。

李　：私はインターネットショッピングで、だまされたことがあるんです。お金を送ったのに、商品が届かなかったんですよ。

田中：ああ、それは泥棒ではなく、詐欺ですね。

应用会话1单词

泥棒⓪	[名]	小偷，盗贼
窓ガラス③	[名]	窗玻璃
取る①	[他五]	夺取，抢夺
だます②	[他五]	骗，欺骗；哄，哄骗
商品①	[名]	商品
詐欺①	[名]	诈骗，欺诈

応用会話2　　寝不足の原因

杨欣欣和李明在讨论睡眠不足的问题。

楊：どうしたんですか。元気がありませんね。

李：昨日、隣の部屋から叫び声が聞こえて……

楊：えっ、何かあったんですか。

李：いいえ。ただ学生が集まってパーティーをしていたんです。

楊：なんだ。事件ではなかったんですね。

李：夜中まで騒がれて、本当に迷惑でした。

楊：それで疲れた顔をしているんですね。

李：楊さんも眠そうですね。

楊：私は最近、毎晩サスペンスドラマを見ているんです。

李：えっ、もうすぐ試験なのに、勉強しなくても大丈夫ですか。

楊：でも、事件が解決されるまで、どうしても気になってしょうがないんです。

应用会话2单词

叫び声④	[名]	叫声
ただ①	[副]	只，不过
なんだ①	[連語]	什么，哎呀（表示吃惊或失望等）
夜中③	[名]	深夜，半夜
騒ぐ②	[自五]	吵嚷，吵闹
迷惑①	[名・ナ形・自サ]	烦扰，为难
サスペンス①	[名]	悬疑，悬念
どうしても①④	[副]	无论如何也，怎么也

正 文

サスペンスドラマ

　昨日の夜、日本のサスペンスドラマを見ました。そのドラマはだいたいこんな話です。マンションで若い女性が殺されました。主人公の男性は昔、彼女と恋人でした。それで、警察に疑われました。彼は、自分で犯人を捜すことにしました。何度も警察に呼ばれるのが嫌になったからです。苦労して、とうとう犯人を見つけましたが、犯人に殴られて、そのうえ逃げられてしまいました。第1話はそこで終わりました。その時、もうとても眠かったのですが、続きが知りたく

正文单词

マンション①	[名]	(高级)公寓，住宅大楼
殺す⓪	[他五]	致死，杀害
主人公②	[名]	主角，主人公
疑う⓪	[他五]	怀疑，猜疑
捜す⓪	[他五]	搜寻，寻找
とうとう①	[副]	终于，到底
殴る②	[他五]	打，殴打
～話	[接尾]	(作品等)集
続き⓪	[名]	后续，下文
結局⓪	[副]	结果，到底
寝坊⓪	[名・ナ形・自サ]	睡懒觉(的人)
叱る⓪	[他五]	批评，责备

て、第2話を見て驚きました。犯人だと主人公が思っていた人は犯人ではなかったのです。私は、本当の犯人は誰か、気になってしょうがありませんでした。結局、夜中まで見続けたため、今朝、寝坊してしまいました。急いで寮を出ましたが、授業に遅刻して、先生に叱られました。でも、きっと今晩もドラマを見てしまうと思います。

句 型

1.　N1　は　N2　に　V　れる／られる。（基本被动）

　　接続：名词1　は　名词2　に　动词ない形(去掉"ない")　れる／られる

　　用法：表示主语(N1)受到他人(N2)行为的影响。N1为动作接受者，仅限于"我"或容易与"我"共情的人，N2为动作执行者。

　　释义：……被……

⑩旬

①今日私は先生に褒められました。

②私は男の人に押されました。

③私は中村さんに叱られました。

④弟は詐欺師にだまされました。

2. **N1 は N2 に N3 を V れる／られる。**（所有者的被动）

接续： 名词1 は 名词2 に 名词3 を 动词ない形（去掉"ない"） れる／られる

用法： 表示主语（N1）的所有物、身体的一部分等（N3）受到他人（N2）行为的影响。N1为动作接受者，仅限于"我"或容易与"我"共情的人，N2为动作执行者。

释义： ……被……

⑩旬

①私は犬に手をかまれました。

②私は泥棒に財布を盗まれました。

③妹は兄に日記を読まれてしまいました。

④私は電車の中で足を踏まれました。

3. **N1 は N2 に V れる／られる。**（受害的被动）

接续： 名词1 は 名词2 に 动词ない形（去掉"ない"） れる／られる

用法： 表示主语（N1）因为某事或他人（N2）的行为而受害或者感到困扰。N1仅限于"我"或容易与"我"共情的人。

释义： ……因为……

⑩旬

①昨日は雨に降られて、ぬれてしまいました。

②夕べ子供に泣かれて、眠れませんでした。

③あの子は急に父親に死なれて、大変でした。

④隣の人に大きなビルを建てられて、私の家に日が当たらなくなりました。

4. **N1 が／は N2 に／によって V れる／られる。**（客观情况的被动）

接续： 名词1 が／は 名词2 に／によって 动词ない形（去掉"ない"） れる／られる

用法： 主语（N1）为无生命事物，多用于客观叙述社会事实。动作执行者（N2）后面除了"に"之外，多用"によって"表示特定的动作主体。

释义：……被……

例句

①この仕事はみんなに嫌われています。

②この小説は世界中で読まれています。

③地球の引力はアイザック・ニュートンによって発見されました。

④人民大衆の獲得感・幸福感・安心感がいっそう満たされ、いっそう保障され、いっそう続くようになり、共同富裕は新たな成果を収めた。

5.　～ため（に）、～。（原因）

接続：

分类	词例	非完了		完了	
		肯定	否定	肯定	否定
◆ 动词	行く	行く	行かない	行った	行かなかった
◆ イ形容词	暑い	暑い	暑くない	暑かった	暑くなかった
◆ ナ形容词	静か	静かな	静かではない	静かだった	静かではなかった
◆ 名词	学生	学生の	学生ではない	学生だった	学生ではなかった

用法：表示造成特殊结果的原因。

释义：因为……所以……

例句

①雨のために、運動会が中止になりました。

②自転車が故障したため、学校に遅れました。

③おいしかったために、食べすぎました。

④データが不正確なために、実験の結果は役に立ちません。

6.　～からだ。

接続：简体形式　からだ

用法：表示原因。是 "～のは～からだ" 的省略说法。

释义：是因为……

例句

①私は将来図書館で働きたいと思っています。本が好きだからです。

②今日は、タクシーで帰ります。足が痛いからです。

③今晩は、しっかり勉強します。明日試験があるからです。

④中国共産党は有能で、中国の特色ある社会主義は優秀である。マルクス主義が有用であり、中国化・時代化したマルクス主義が有用だからである。

7. ～のに、～。

接続：

分类	词例	非完了		完了	
		肯定	否定	肯定	否定
◆动词	行く	行く	行かない	行った	行かなかった
◆イ形容词	暑い	暑い	暑くない	暑かった	暑くなかった
◆ナ形容词	静か	静かな	静かではない	静かだった	静かではなかった
◆名词	学生	学生な	学生ではない	学生だった	学生ではなかった

用法："のに"是接续助词，表示转折，含有意外、不满、遗憾等语气。

释义：明明……却……

例句

①明日試験があるのに、森さんは勉強していません。

②忘れないでねとあんなに念を押したのに、持ってきてくれなかった。

③まだ来ない。絶対来ると約束したのに。

④あなたも来ればいいのに。きっと楽しいわよ。

句型单词

褒める②	[他下一]	称赞，赞扬	いっそう⓪	[副]	更加，越发
詐欺師②	[名]	骗子	満たす②	[他五]	装满，填满；满足
盗む②	[他五]	偷窃，偷盗	保障⓪	[名・他サ]	保障
踏む⓪	[他五]	踩，踏	富裕⓪	[名・ナ形]	富裕，富有
ぬれる⓪	[自下一]	淋湿，沾湿	収める③	[他下一]	取得，获得
建てる②	[他下一]	盖，建造，建立	故障⓪	[名・自サ]	故障
当たる⓪	[自五]	(光线)照射，晒	データ①⓪	[名]	数据，资料
嫌う⓪	[他五]	讨厌，厌恶	不正確②	[名・ナ形]	不正确，不准确
引力①	[名]	引力	実験⓪	[名・他サ]	实验
発見⓪	[名・他サ]	发现	有能⓪	[名・ナ形]	有能力，有才能
大衆⓪	[名]	大众，群众	特色⓪	[名]	特色，特点
獲得⓪	[名・他サ]	获得，取得	社会主義④	[名]	社会主义
感①	[名]	感觉，感受	あんなに⓪	[副]	那么，那样地
幸福⓪	[名・ナ形]	幸福	念を押す	[連語]	(再三)叮嘱

注 解

1. 动词被动形

被动形是表示作主语的人或事物承受某种动作或影响的表达方式。动词被动形是由动词ない形（去掉"ない"）＋助动词"れる／られる"构成。变成被动形后，按一段动词活用。

分类	接续方法	基本形	被动形
五段动词	将基本形词尾的ウ段假名变为该行的ア段假名后加"れる"	使う	使われる
		書く	書かれる
		急ぐ	急がれる
		話す	話される
		立つ	立たれる
		死ぬ	死なれる
		呼ぶ	呼ばれる
		読む	読まれる
		座る	座られる
一段动词	将基本形词尾的"る"去掉后加"られる"	見る	見られる
		食べる	食べられる
サ变动词	将"する"变为"される"	する	される
		勉強する	勉強される
力变动词	将"来る"变为"来られる"	来る	来られる

练习 Ⓐ 替换练习。

1.

妹は母に叱る→

私は祖母に育てる→　　　　　　　　れた／られた。

犯人は警察に逮捕する→

2.

私は泥棒に財布を盗む→	
私は花子さんにいつも席を取る→	れた／られた。
私は母に手紙を読む→	

3.

先生に怒る→		元気がない。
みんなに騒ぐ→	れて／られて、	泥棒は逃げました。
家の前に車を置く→		うちの車が出られなかった。

4.

この歌は		歌う→	
この番組は	若い人に	嫌う→	れている／られている。
この音楽は		愛する→	

5.

事故がある→		遅刻した。
試合に勝つ→	ために、	有名になった。
忙しい→		食事会に参加できなかった。

6.

田中さんは毎日コーヒーを飲みます。	大好きだ→	
明日は銀行は休みです。	土曜日→	からです。
外国へは旅行に行きません。	飛行機が怖い→	

7.

子供だ→		難しい本を読んでいます。
せっかくケーキを焼く→	のに、	誰も食べてくれませんでした。
家が近い→		よく遅刻します。

练习 B　根据语境，仿照例句完成会话。

1.

例 A：妹は母に叱られました。（母が妹を叱る）
B：それは気の毒ですね。／それはよかったですね。
①警察は犯人を逮捕する　　　　　　②田中さんが私をいじめる
③彼女が私を振る　　　　　　　　　④先生は私を褒める

2.

例 A：何かあったんですか。
B：すりにお金をすられました。（すり／お金をする）
①次郎／顔を殴る　　　　　　　　　②犬／足をかむ
③泥棒／財布を盗む　　　　　　　　④弟／カメラを壊す

3.

例 A：どうしたんですか。
B：子供に泣かれて、よく眠れませんでした。（子供が泣く／よく眠れる）
①雨が降る／びしょぬれになる　　　②昨日友達が来る／勉強ができる
③食事中、隣の人がタバコを吸う／困る　④若い社員が辞める／困る

4.

例 A：この歌はどうですか。（歌／歌う）
B：多くの人に歌われています。
①店／知る　　　　　　　　②番組／見る
③本／読む　　　　　　　　④音楽／愛する

5.

例 A：どうして会社に遅れたんですか。（会社に遅れる）
B：車が故障したために、遅れました。（車が故障する）
①洗濯物が乾かない／毎日雨が続く
②歩いて通う／自転車がない

③あの先生は学生に人気がある／話が分かりやすい

④卒業できない／出席日数が足りない

6.

㋘ A：どうして窓を開けないんですか。（窓を開けない）

　　B：車がうるさいからです。（車がうるさい）

①納豆を食べない／嫌いだ　　　　　②頭がぼうっとしている／昨日よく眠れなかった

③試験に落ちた／勉強しなかった　　④窓を閉めた／寒い

7.

㋘ A：この家は駅に近くて便利なのに、買う人がいません。

　　　（この家は駅に近くて便利だ／買う人がいる）

　　B：そうなんですか。おかしいですね。

①森さんは作家だ／読書が好きだ　　②電源を入れた／動く

③絶対来ると言った／まだ来ていない　④この電子辞書は新しい／もう故障した

練习 C 谈论自己经历过或听过的事故（地震、火灾、交通事故等）。

1. 分组讨论以下问题。

　Q1. 事故に遭ったことがありますか。誰かから聞いたことがありますか。

　Q2. 簡単に説明してみてください。

　Q3. その時、何をしたらいいと思いましたか。

2. 归纳小组讨论的结果，并填入下表。

事故	状況	対応
交通事故に遭った	頭にけがをした	救急車を呼んだ 病院に行った

3．介绍自己经历过或听过的事故，并整理成一篇文章。

关联词语

事故类别	交通事故、自動車事故、自転車事故、飲酒運転事故、航空事故、墜落事故、船舶事故、医療事故、爆発事故、火災事故、土砂災害、水難事故、食品事故、人身事故、単独事故
事故原因	飲酒運転、居眠り運転、わき見運転、スピード違反、信号無視、無免許運転、右車線の逆走、急停車、ブレーキとアクセルの踏み間違い、積載超過、追突、衝突、路上駐車、一時停止無視

练习单词

逮捕①	[名・他サ]	拘捕，捉拿	すり①	[名]	扒窃，扒手
愛する③	[他サ]	爱好，喜欢	する①	[他五]	扒窃
勝つ①	[自五]	赢，取胜	びしょぬれ⓪	[名]	湿透，淋湿
せっかく⓪	[副]	特意，好不容易；难得	日数③	[名]	日数，天数
			納豆③	[名]	纳豆
焼く⓪	[他五]	烤，烙	ぼうっと⓪	[副・自サ]	模糊，发呆
気の毒③④	[名・ナ形]	可怜，悲惨	対応⓪	[名・自サ]	应付，适应
いじめる⓪	[他下一]	欺负，欺侮，霸凌	救急車③	[名]	救护车
振る⓪	[他五]	挥，摆，招；拒绝，甩			

小知识

日本的"遣隋使^{けんずいし}"和"遣唐使^{けんとうし}"

为了使过去经由朝鲜半岛输入的中国文化直接传入日本，公元7世纪初至9世纪，日本多次派出"遣隋使""遣唐使"前往中国学习，他们促成了中国文化在日本的传播和融合。

这些外交使团的主要任务是建立友好外交关系的同时，汲取中国先进的科学技术、政治制度和文化艺术，以及佛教典籍等。这个时期，大量中国文化元素被引入日本。其中最显著的就是汉字书写系统，为后来日本文化和文学的发展奠定了坚实基础。另外，日本佛教文化也在这个时期迅速壮大，除了宗教本身之外，还影响了建筑、绘画、文学、哲学等各个领域。这期间出现了小野妹子、阿倍仲麻吕、吉备真备、最澄、空海等许多著名人物。花道和筷子就是第一批遣隋使小野妹子带回日本的。大诗人李白和王维的好友阿倍仲麻吕十分喜爱中国文化，不但考中进士，还留在长安为官五十余年。吉备真备也带回了大量的书籍，同时，还将围棋传到了日本，并利用汉字的偏旁部首创立了日语的片假名。最澄在中国学成后，携带大量佛教经典，返回日本开创了日本天台宗，一并带回的还有茶籽、茶叶等。另一位僧人空海则创立了真言宗，其编纂的《篆隶万象名义》，是日本第一部汉文辞典，他还是将中国书法艺术传到日本的第一人。

日本正是通过向外学习，并逐渐吸收融合了来自中国等外来的文化元素，最终形成了独具特色的日本文化。回国的留学生和学问僧成为大化改新的知识阶层，为日本社会从奴隶制向封建制的过渡提供了强大的推动力。

第 **13** 課 部活

学习目标

1 能够使用日语讨论任务分配。

2 能够使用日语谈论社团活动。

3 能够使用日语介绍比赛情况。

4 了解日本的"三名園"。

1. N1 は N2 を V せる／させる。

　 N1 は N2 に N3 を V せる／させる。（强制、指示）

2. N1 は N2 を V せる／させる。

　 N1 は N2 に N3 を V せる／させる。（容许、放任）

3. N1 は N2 を V せる／させる。（情感诱发）

4. ～とおり　　　　　　　　　　　5. N によって

6. N にとって　　　　　　　　　　7. N に対して

基础会话

1. A：自分たちが作った車を走らせるの
　　　は最高ですね。

　　B：そうですね……こんな楽しいこと
　　　ができる部活はほかにはないです
　　　ね。

2. A：日本では、部活の先輩は後輩に敬
　　　語を使わせることがあるって聞い
　　　ていますが……

　　B：はい、その傾向がありますね。

3. A：そろそろサッカーはもうやめて、
　　　ちゃんと勉強しなければいけない
　　　年だろう。

　　B：そうだけど、今は楽しそうにやっ
　　　ているから、もう半年ぐらいやらせましょうよ。

4. A：王さん、いつも冗談を言っていますね。部活でも人気があるでしょ？

　　B：本当に彼はよくみんなを笑わせますね。

5. A：みんな、張先輩のことを信頼していますね。

　　B：そうですね。先輩の言うとおりにすれば、強くなれると心から信じているんで
　　　すよ。

6. A：部活の内容は学校によって違うんですか。

　　B：はい、多少違うと思います。

7. A：部活で出会った友達は、王さんにとってどんな存在ですか。

　　B：そうですね……私にとってすごく大切で、掛け替えのない存在です。

8. A：監督に対して、失礼なことを言ってはいけませんよ。

　　B：はい。ところで、監督は厳しい方ですか。

　　A：いや、そうでもないですけど。

基础会话单词

部活⓪	[名]	社团活动
敬語⓪	[名]	敬语
傾向⓪	[名]	倾向
冗談③	[名]	玩笑
信頼⓪	[名・他サ]	信赖
強い②	[イ形]	坚强，坚决
信じる③⓪	[他上一]	相信
多少⓪	[副]	多少
存在⓪	[名・自サ]	存在
掛け替えのない	[連語]	无可替代的，宝贵的
失礼②	[名・自サ・ナ形]	失礼，不礼貌

应用会话

应用会话1　新チームを作る

· · · · · · · · · · 李明所在的篮球队的两位教练在商量新组建的篮球队队员分工以及训练内容。 · · · · · · · · ·

佐藤コーチ：監督、新チーム作りはどうしましょう。

監督　　：まず、李にキャプテンをやらせたいと思っています。李はバスケットに対してとても真面目ですから。

佐藤コーチ：練習メニューはどうしますか。

監督　　：そうですね……最初はボール磨きですかね。バスケット選手にとって、ボールを磨くことはとても大切なことです。それから、基礎体力をつけるために、選手を走らせましょう。その後の練習メニューは去年と同じでいいです。

应用会话1单词		
コーチ①	[名]	教练
新〜	[接頭]	新
〜作り	[接尾]	制造，构造
キャプテン①	[名]	队长
バスケット③	[名]	篮球
メニュー①	[名]	菜单
ボール⓪①	[名]	球
磨き⓪	[名]	磨光，擦亮
体力①	[名]	体力
つける②	[他下一]	增加，附上
こそ	[取り立て助]	正是，才是，就是
ぞ	[終助]	啊，啦（表示判断、决心、主张、提醒、警告等）
マネージャー②⓪		
	[名]	经理，经纪人
引き続き⓪	[副]	接着，继续；连续
集合⓪	[名・自他サ]	集合，聚集

佐藤コーチ：分かりました。

監督　　：今年こそ優勝するぞという気持ちで、一緒に優勝を目指しましょう。

佐藤コーチ：はい。今年こそ、監督の言うとおりやれば、優勝できると思います。あっ、そういえば、マネージャーはどうしましょうか。

監督　　：マネージャーは、引き続き、孫にやらせるのがいいでしょう。マネージャーもチームにとって、重要ですから、変えないほうがいいと思います。

佐藤コーチ：分かりました。

李　　　　：監督、みんな集合しました。

監督　　　：すぐ行きます。

応用会話2　　決勝戦前日、作戦会議

両位教练在开会讨论比赛策略。

佐藤コーチ：陳はよくみんなを笑わせて
　　　　　　いますね。

監督　　　：本当ですね。陳はチームの
　　　　　　ムードメーカーですね。

佐藤コーチ：エースの劉は大丈夫でしょ
　　　　　　うか。けがした足が心配で
　　　　　　すが……

監督　　　：明日は相手の作戦によっ
　　　　　　て、劉にシュートを打たせ
　　　　　　るかどうか決めたいです。
　　　　　　問題はどうやって守らせる
　　　　　　かですね。ディフェンスが
　　　　　　鍵ですが……

応用会話2単词		
ムードメーカー④	［名］	能使气氛活跃的积极分子
エース①	［名］	主力队员
作戦⓪	［名］	比赛策略
シュート①	［名・他サ］	投篮
打つ①	［他五］	打进
守る②	［他五］	防守
ディフェンス⓪	［名］	防守
鍵②	［名］	关键
持つ①	［他五］	进行
スポーツドリンク⑥	［名］	运动饮料

佐藤コーチ：そうですね。

監督　　　：相手チームの8番はそんなにうまくはないので、8番にシュートを打たせる
　　　　　　ように試合を持っていきましょう。

佐藤コーチ：あ、それはいい作戦ですね。

監督　　　：明日はわれわれにとって、とても大事な試合になりますよ。

佐藤コーチ：あ、そういえば、スポーツドリンクがもうありません。どうしますか。

監督　　　：明日、マネージャーの孫に買わせましょう。連絡しておいてください。

佐藤コーチ：はい、分かりました。

正 文

初優勝

今日、私たちは優勝しました。日本語学院のバスケットボール部が優勝したのははじめてです。本当に感動しました。前半はずっと負けていたので、私はとてもハラハラしていました。相手チームはうちのエースの劉さんに対して厳しいディフェンスをしてきましたが、後半は監督の作戦が見事に当たり、逆転をして勝ちました。試合終了後、私は泣いてしまいました。こんなに泣いたのは人生ではじめてです。会場からは両チームに温かい拍手が送られました。とても感動しました。どんな相手でも監督の言うとおりにしていれば、勝てると信じています。監督はわれわれにとってお父さんのような存在です。来年は英語学院、ロシア語学院、ドイツ語学院が強くなると思います。来年も優勝できるように練習します。

正文单词

学院⓪ (がくいん)	[名]	学院
部 (ぶ)	[名・接尾]	部，部门
前半⓪ (ぜんはん)	[名]	上(前)半场
はらはら①	[副・自サ]	提心吊胆
後半⓪ (こうはん)	[名]	下(后)半场
当たる⓪ (あ)	[自五]	命中
逆転⓪ (ぎゃくてん)	[名・自サ]	逆转
人生① (じんせい)	[名]	人生
両① (りょう)	[名]	双，两
温かい④ (あたた)	[イ形]	温暖，热情
拍手① (はくしゅ)	[名]	鼓掌

句 型

1. N1 は N2 を V せる／させる。

   N1 は N2 に N3 を V せる／させる。（强制、指示）

   接续：名词1 は 名词2 を 动词ない形（去掉 "ない"） せる／させる

   　　　名词1 は 名词2 に 名词3 を 动词ない形（去掉 "ない"） せる／させる

   用法：表示强制或指示某人做某事。动作执行者（N2）一般后续 "を" 或 "に"。谓语动词为自动词时，原则上使用 "を"，但句中出现名词 "（场所）を" 时，动作执行者（N2）后续 "に"；谓语动词为他动词时，则使用 "に"。一般来说，面对比自己地位高、年龄大的人不使用该句型。

释义：……让……

谓语动词为自动词时

例句

①お客さんが来るので、妹を買い物に行かせました。

②最近、高校生を英会話教室に通わせる親が多くなりました。

③この会社では、毎年社員を香港^{ホンコン}に出張させます。

④コーチは練習前に選手にグラウンドを1キロ走らせます。

谓语动词为他动词时

例句

①仕事がたくさんあるので、社長は社員に日曜日でも仕事をさせました。

②自分でするのが面倒なので、妹に朝ご飯を作らせました。

③このクラスの先生は出席を取る時に、生徒に手を上げさせます。

④監督はマネージャーの孫さんにスポーツドリンクを準備させました。

2. N1 は N2 を V せる／させる。

　　N1 は N2 に N3 を V せる／させる。（容许、放任）

　　接続： 名词1 は 名词2 を 动词ない形（去掉"ない"）　せる／させる

　　　　　 名词1 は 名词2 に 名词3 を 动词ない形（去掉"ない"）　せる／させる

　　用法： 表示容许、放任他人的行为或者状态。一般来说，面对比自己地位高、年龄大的人不使
　　　　　 用该句型。

　　释义： ……让……

例句

①そんなにこの仕事がやりたいと言うなら、彼女にやらせましょう。

②佐藤先生は学生に好きな本を読ませて、自由に意見を言わせます。

③週末に、子供たちを公園に連れていって、遊ばせました。

④マルクス主義を堅持し発展させるには、中華の優れた伝統文化と結びつけなければならな
　い。

3. N1 は N2 を V せる／させる。（情感诱发）

　　接続： 名词1 は 名词2 を 动词ない形（去掉"ない"）　せる／させる

　　用法： 表示诱发人产生某种心理变化。动词多为表示感情或心理状态的词。

　　释义： ……让……

例句

①2年も続けて落第して、母をがっかりさせました。

②山田さんはいつも冗談を言って、みんなを笑わせます。

③この子はいつも無理を言って、親を困らせます。

④私は嘘を言って、父を怒らせてしまいました。

4. 〜とおり

接続: 动词连体形／名词の　とおり

名词　どおり

用法: 表示按前项提示的内容做后项的事。亦可接在"言う""考える"等表示发话和思考的动词后，表示与之相同。

释义: 如……一样

例句

①監督の言うとおりにすれば、間違いはないと思います。

②先生が教えたとおりにやりなさい。

③この機械は説明書のとおり（説明書どおり）に操作してください。

④国家安全保障をいっそう確保し、中国人民解放軍創立百周年の奮闘目標を期限どおりに達成し、「平安中国」の建設を着実に推し進める。

5. N　によって

用法: 表示由于前项的不同而产生后项不同的结果。

释义: 根据……，由于……

例句

①好きな料理は人によってだいぶ違います。

②明日は所によって、激しい雨が降るでしょう。

③時と場合によって、考え方を変えなければならないかもしれません。

④A：人の性格は地域によって変わりますか。

　B：どうなんでしょうね。ひょっとしたら、変わるかもしれませんね。

6. N　にとって

用法: 表示站在前项的角度或立场进行判断、做出评价，后项多为表示评价的话语。

释义: 对于……来说

例句

①この写真は私にとって何よりも大切なものです。

②彼にとってこの作業は何でもないことです。

③誰にとっても一番大切なのは健康です。

④「平和的統一、一国二制度」の方針は両岸の統一を実現する最善の方式であり、両岸の同
　胞および中華民族にとって最も有利である。

7. N に対して

用法：表示对象，后项多用表示动作、态度等的词句。

释义：针对……，对……

例句

①私の質問に対して、何も答えてくれませんでした。

②田中コーチはいつも私たちに対して親切に指導してくれます。

③A：この店では、お客さんを接待する時、どんなことをしていますか。

　B：特にお客さんに対しての言葉づかいや態度に注意を払っています。

④各級人民代表大会がすべて民主的選挙によって選出され、人民に対して責任を担い、人民
　の監督を受けることを保証する。

句型单词

グラウンド⓪	[名]	操场	確保①	[名・他サ]	确保
面倒③	[名・ナ形]	麻烦，费事	解放軍③	[名]	解放军
出席を取る	[連語]	点名	創立⓪	[名・他サ]	创立，创办
上げる⓪	[他下一]	举，抬	期限①	[名]	期限
意見①	[名・自他サ]	意见；劝告，提意见	達成⓪	[名・他サ]	达成，完成，实现
			平安⓪	[名・他サ]	平安，平稳
中華①	[名]	中华	着実⓪	[名・ナ形]	扎实，稳健
優れる③	[自下一]	优秀，出色	推し進める⑤	[他下一]	推进，推行
伝統文化⑤	[名]	传统文化	考え方⑤	[名]	观点，想法
結びつける⑤	[他下一]	结合，联系	地域①	[名]	地域，地区
落第⓪	[名・自サ]	不及格，落榜	ひょっとしたら⑤		
がっかり③	[副・自サ]	失望		[副]	或许
説明書⓪⑤	[名]	说明书	何より①⓪	[副]	比什么（都）
国家安全保障①-⑤			作業①	[名・自サ]	操作
	[名]	国家安全保障	何でもない⑤	[イ形]	算不了什么

句型单词

一国二制度⓪-②	[名]	一国两制	
方針⓪	[名]	方针	
最善⓪	[名]	最好	
方式⓪	[名]	方式	
同胞⓪	[名]	同胞	
および⓪①	[接続]	及，以及	
民族①	[名]	民族	
最も③①	[副]	最	
有利①	[名・ナ形]	有利	
接待①	[名・他サ]	接待，招待	
言葉づかい④	[名]	措辞，说法	
態度①	[名]	态度	
払う②	[他五]	加以（注意等）	

各級①	[名]	各级	
人民代表大会⑨	[名]	人民代表大会	
すべて①	[名・副]	全部	
民主的⓪	[ナ形]	民主的	
選挙①	[名・他サ]	选举，推选	
によって	[連語]	通过（表示手段、方法）	
選出⓪	[名・他サ]	选出，选拔	
責任⓪	[名]	责任	
担う②	[他五]	肩负，承担	
監督⓪	[名・他サ]	监督，指导	
保証⓪	[名・他サ]	保证，担保	

注 解

1. 动词使役形

动词使役形是由动词ない形（去掉"ない"）＋助动词"せる／させる"构成。变成使役形后，按一段动词活用。

分类	接续方法	基本形	使役形
五段动词	将基本形词尾的ウ段假名变为该行的ア段假名后加"せる"	使う	使わせる
		書く	書かせる
		泳ぐ	泳がせる
		話す	話させる
		立つ	立たせる
		死ぬ	死なせる
		呼ぶ	呼ばせる
		読む	読ませる
		座る	座らせる
一段动词	将基本形词尾的"る"去掉后加"させる"	見る	見させる
		決める	決めさせる

（续表）

分类	接续方法	基本形	使役形
サ变动词	将"する"变成"させる"	する 勉强する	させる 勉强させる
力变动词	将"来る"变为"来さSせる"	来る	来させる

2. こそ

"こそ"是提示助词，用于强调某事物。

例句

①今度こそ負けませんよ。

②今年の夏休みこそ海外に旅行できるチャンスです。

③A：よろしくお願いします。B：はい、こちらこそ。

④A：やはり私は日本語学部に進みたいと思います。

　B：そうか。それこそお父さんが望んでいたことだよ。

3. ぞ

"ぞ"是终助词，用法一是表示断定或决心，用于自言自语；用法二是强调自己的主张或提醒、警告等，多用于男性同辈或晚辈之间。

例句

①今度こそ優勝するぞ。

②何でもやるぞ。

③僕のほうが正しいぞ。

④これからきっとうまくいくぞ。

注解单词

進む⓪	[自五]	前进；升(学)	正しい③	[イ形]	对，正确
望む⓪	[他五]	期望			

练习 A 替换练习。

1.

| 課長は | 高橋さん
鈴木さん
息子さん | を | 日本へ出張する→
3日間休む→
希望の海外の大学に留学する→ | せ／させました。 |

2.

| 私は | 娘
子供
息子 | に | ご飯を作る→
英語を習う→
家事を手伝う→ | せ／させました。 |

3.

| 時間はまだ大丈夫だから、 | もう少し | 子供
この子
娘 | を
を
に | 遊ぶ→
寝る→
漫画を読む→ | せ／させましょう。 |

4.

| 妹
友達
母 | を | 泣く→
びっくりする→
悲しむ→ | せ／させないでください。 |

5.

| 君が言う→
黒板に書いてある→
説明→ | とおりに | やります。
読んでください。
操作してください。 |

6.

| 季節
国
性格 | によって | 景色
文化
仕事のやり方 | が違うでしょう。 |

7.

この本		私		宝物です。
この写真	は	母	にとって	かけがえのないものです。
試験問題		一年生の皆さん		難しいかもしれません。

8.

私は	彼の行動		何も言うことはありません。
それは	子供が大人	に対して	言う言葉ではありません。
学生は	先生		礼儀を忘れてはいけません。

練習 **B** **根据图片或语境，仿照例句完成会话。**

1.

⑩ A：お子さんに何か家の仕事をやらせていますか。
　　B：ええ。食事の準備をやらせています。

①A：_____に何か_____を_____ていますか。
　　B：ええ。_____を_____ています。

②A：_____に何か_____を_____ていますか。
　　B：ええ。_____を_____ています。

③A：＿＿＿＿に何か＿＿＿＿を＿＿＿＿ていますか。

B：ええ。＿＿＿＿を＿＿＿＿ています。

④A：＿＿＿＿に何か＿＿＿＿を＿＿＿＿ていますか。

B：ええ。＿＿＿＿を＿＿＿＿ています。

2.

例 A：田中さんはお子さんに何か好きなことをやらせていますか。

B：そうですね……行きたい国に留学させています。

①A：＿＿＿＿は＿＿＿＿に何か好きなことをやらせていますか。

B：そうですね……＿＿＿＿ています。

②A：＿＿＿＿は＿＿＿＿に何か好きなことをやらせていますか。

B：そうですね……＿＿＿＿ています。

③A：＿＿＿＿は＿＿＿＿に何か好きなことをやらせていますか。

B：そうですね……＿＿＿＿ています。

④A：＿＿＿＿＿＿は＿＿＿＿＿＿に何か好きなことをやらせてい

　　ますか。

　B：そうですね……＿＿＿＿＿＿ています。

3.

例 A：何かあったんですか。

　B：私の帰りが遅くなって、母を心配させたんです。

①A：何かあったんですか。

　B：＿＿＿＿＿＿＿＿＿＿＿＿＿＿んです。

②A：何かあったんですか。

　B：＿＿＿＿＿＿＿＿＿＿＿＿＿＿んです。

③A：何かあったんですか。

　B：＿＿＿＿＿＿＿＿＿＿＿＿＿＿んです。

④A：何かあったんですか。

　B：＿＿＿＿＿＿＿＿＿＿＿＿＿＿んです。

4.

例 A：どう<u>すれ</u>ばいいでしょうか。
　 B：<u>教えた</u>とおりに、<u>ボタンを押し</u>てください。

① A：どう＿＿＿＿＿ばいいでしょうか。
　 B：＿＿＿＿＿とおりに、＿＿＿＿＿てください。

② A：どう＿＿＿＿＿ばいいでしょうか。
　 B：＿＿＿＿＿とおりに、＿＿＿＿＿てください。

③ A：どう＿＿＿＿＿ばいいでしょうか。
　 B：＿＿＿＿＿とおりに、＿＿＿＿＿ください。

④ A：どう＿＿＿＿＿ばいいでしょうか。
　 B：＿＿＿＿＿とおりに、＿＿＿＿＿てください。

5. 请用「～によって」「～に対して」「～にとって」完成会话。

例 A：国<u>によって文化や習慣などが違いますか</u>。（文化や習慣）
　 B：はい、だいぶ違います。
① A：来週、所＿＿＿＿＿＿＿＿＿＿＿＿＿＿＿＿＿＿。（大雨）
　 B：えっ、本当ですか。

②Ａ：普段、天気＿＿＿＿＿＿＿＿＿＿＿＿＿＿＿＿。（服）

　Ｂ：いいえ、好きなように着ますよ。

③Ａ：このマフラー、いいでしょ？祖母からもらったんですよ。

　Ｂ：それは王さん＿＿＿＿＿＿＿＿＿＿＿＿＿＿＿＿。（宝物）

④Ａ：まだゲームをやってるの？

　Ｂ：すぐやめるよ。

　Ａ：学生＿＿＿＿＿＿＿＿＿＿＿＿＿＿＿でしょ？（勉強）

⑤Ａ：中国のどんなところに興味を持っていますか。

　Ｂ：中国の食文化＿＿＿＿＿＿＿＿＿＿＿＿＿。（興味）

⑥Ａ：あの子は親に「どうしてオレを生んだの？」と大声を上げたそうだ。

　Ｂ：それは、子供が親＿＿＿＿＿＿＿＿＿＿＿＿＿。（言う）

练习 C 谈论社团活动。

1. 分组讨论以下问题。

　Q1. 学校にどんな部活がありますか。その中で、どの部活が好きですか。

　Q2. 今、どんな部活に参加していますか。

　Q3. 部活で、先輩（先生）は何をさせていますか。あなたは先輩になったら、後輩に何かさせますか。具体的に言ってみてください。

2. 归纳小组讨论的结果，并填入下表。

好きな部活	参加している部活	先輩がやらせたこと	あなたがやらせること
テニス部	茶道部	茶道の精神を調べさせた　お茶の点て方を覚えさせた	きれいに茶碗を洗わせる　茶道の基本的なマナーを覚えさせる

3. 介绍在社团活动中老师或部长让你做的事情。如果你是社团的部长，请描述你与其他负责
   人分配任务的情况，并整理成一篇文章。

关联词语

社团	サッカー部、バレーボール部、バスケット部、野球部、テニス部、陸上部、バドミントン部、柔道部、剣道部、太極拳部、水泳部、コーラス部、放送部、報道部、演劇部、音楽部
任务	2時間も走る、カギを取る（保管する）、部屋を片付ける、コピーする、楽器（ボール）を磨く、楽器（歌）の練習をする、机と椅子を並べる、飲み物を買いに行く、時間を計る、司会を担当する、発音を練習する、記録を書く、メモを取る

练习单词

家事①	[名]	家务，家政
悲しむ③	[他五]	悲伤
プロポーズ③	[名・自サ]	求婚
宝物⓪④⑤	[名]	宝物
行動⓪	[名・自サ]	行动
礼儀③	[名]	礼仪，礼貌
ラテン⓪①	[名]	拉丁
ほうれんそう③	[名]	菠菜
折る①	[他五]	折，折叠

ナイフ①	[名]	小刀；餐刀
マフラー①	[名]	围巾
俺⓪	[代]	我（男性对同辈或晚辈的自称）
生む⓪	[他五]	生（孩子）
大声③	[名]	大声
上げる⓪	[他下一]	发出（声音）
精神①	[名]	（人的）精神
点て方⓪	[名]	泡茶的方法

💡 小知识

日本的"三名園"

　　日本的"三名園"又称日本的"三大庭園"，分别是：日本茨城县水户市的"偕楽園"、石川县金泽市的"兼六園"和冈山县冈山市的"後楽園"。这三座庭园都是建于江户时代的回游式大名庭园。

　　偕乐园是江户时期最后的幕府将军德川庆喜的父亲德川齐昭修建的，因"与民同乐"之意得名。"偕乐"取自《孟子·梁惠王上》。园区位于千波湖畔，湖面四周景色各异。梅林是偕乐园一大特色。同时，偕乐园也建有可以品味静寂的竹林和苍翠古朴的杉树林。据德川光圀《桃园遣事》记载，千波湖畔横跨东西的长堤是仿造中国的西湖苏堤建造而成的。

　　兼六园由加贺藩前田家修建，位于金泽城郊外。因兼具宏大、幽邃、人力、苍古、水泉、眺望六大特点而得名兼六园。"兼六"取自中国宋朝李格非所著的《洛阳名园记》。造景方面，霞池及瓢池都是以池塘寓意大海，大海中建有小岛，小岛则是长生不老的神仙们的居所。藩主们在园林造景中注入了对长生不老及世代繁荣昌盛的期盼。

　　后乐园由冈山藩二代藩主池田纲政下令修建。后乐园与冈山城仅隔着一座月见桥，拥有眺望冈山城的绝佳视野。园中栽有梅花、枫树、杉树等，四季景致各有不同。"后乐"取自北宋范仲淹《岳阳楼记》。据说"后乐园"名称是第二代藩主德川光圀邀请来的明朝遗臣朱舜水在这个时期起的，园内的偃月桥（也称"圆月桥"）也是朱舜水设计的。另外，后乐园随处可见以中国的名胜命名的景观，如西湖、庐山等。

　　综上所述，不难看出日本"三大庭园"无论在命名还是造景方面，受到古代中国文化的影响颇深。日本庭园自飞鸟时代便受到中国文化的影响，平安、奈良时代多以唐朝园林为模板，后又与禅宗相融合，发展过程中随处可见中国元素对其的影响。

Memo

第 14 課 研修

学习目标

① 能够使用日语交流实习的准备情况。

② 能够使用日语介绍实习情况。

③ 能够使用日语谈论毕业后的计划。

④ 了解日本的"漢詩"。

语法要点

❶ V　せて／させてくれる・くださる。

❷ V　せて／させてもらう・いただく。

❸ V　せて／させてあげる・やる・おく。

❹ V　せて／させてください。

❺ N1　は　N2　に　V　せられる／される・させられる。

基础会话

1. A：山田さん、すみませんが、週末、
　　車を使わせてくれませんか。
　B：ええ、いいですよ。

2. A：今回の研修、いろいろ勉強させて
　　いただき、ありがとうございまし
　　た。
　B：いや、いろいろやってくれたね。次回も頑張ってください。

3. A：仕事を覚えるために、事務的な作業をさせてあげましょう。
　B：はい、分かりました。ありがとうございます。

4. A：この仕事は無理かな。
　B：いいえ。ぜひやらせてください。

5. A：アルバイトの研修でどんなことをしましたか。
　B：接客のための言葉の使い方を覚えさせられました。

基础会话单词

次回①⓪	[名]	下回，下次
事務的⓪	[ナ形]	事务性的
接客⓪	[名・自サ]	待客，会客

应用会话

应用会话1　研修のためにビジネスマナーの本を借りる

李明为去KYY实习，向铃木老师借商务礼仪相关的书籍。

李　　　：鈴木先生、すみませんが、今日の午後、ビジネスマナーの本を1冊貸してい
　　　　ただけませんか。

鈴木先生：はい、いいですよ。でも、どうしてですか。

李　　　：明日、KYY社で研修をさせていただくことになっています。

鈴木先生：あ、そうでしたね。頑張ってください。

李　　　：はい。一生懸命仕事をさせていただこうと思っています。

鈴木先生：研修期間はどのくらいですか。

李　　　：1週間です。

鈴木先生：そうですか。いろいろと勉強してきてください。

李　　　：はい。たくさん勉強してきます。

鈴木先生：あっ、そろそろ授業ですから。

李　　　：はい。失礼します。

応用会話2　　KYY社で研修する

佐藤给李明分配工作任务。实习结束后，佐藤向社长汇报李明的实习情况。

佐藤：どれにする？

李　：では、この仕事をさせてください。

佐藤：オッケー。じゃあ、あとは自分で
　　　やってみて。

李　：はい。あ、佐藤さん。この資料、
　　　自分の勉強のために、コピーを取
　　　らせていただけませんか。

佐藤：えっ。まぁ、いいや。勝手に取っ
　　　て。あっ、そうだ。ついでにこれ
　　　もコピーして。

李　：はい、分かりました。

应用会话2单词

や	[終助]	吧，啊（表示轻微断定）
勝手⓪	[名・ナ形]	任意，随便
ミス①	[名]	错误，失误
いらいら①	[副・自サ]	焦虑，焦躁
能力①	[名]	能力
話にならない	[連語]	不值一提，不像话
伝わる⓪	[自五]	传达，传开；流传
泣く⓪	[自五]	苦恼，发愁，伤心
わが①	[連体]	我的，我们的

实习第三天结束后

佐藤：やっと、帰りましたね。

社長：李君の仕事はどうだね。

佐藤：全然だめですね。ミスが多く、ずっといらいらさせられました。

社長：そうか。日本語能力はどうだ？

佐藤：話になりません。専門用語が全然伝わりません。今日は一日中、泣かされました
　　　よ。

社長：そうか。だめか。

佐藤：しかし、やる気が感じられます。鍛えればわが社にとって必要な人材になると思
　　　います。

社長：そうか。じゃあ、もう少し今の仕事をやらせておくことにしよう。

正 文

研修期間終了

今日で、KYY社の研修が終わりました。とてもいい体験をさせていただきました。仕事の内容はとても難しいものでした。私はミスが多く、何度も何度も佐藤さんに叱られました。とても反省しています。さらに、自分の日本語能力が足りないことを痛感しました。もっと日本語を勉強します。それから、英語ももっと勉強しなければと思いました。研修終了後、社長からこんな話を聞きました。佐藤さんも昔、仕事ができなかったそうです。あの佐藤さんが昔、仕事ができなかったとは、とても意外でした。最後は社長からKYY社に誘っていただきました。私はとても感動しました。もし私がKYY社に入社できたら、全力で働きたいと思います。この研修のおかげで、私は卒業したら、ぜひKYY社で働きたいと思うようになりました。

正文单词

はんせい 反省⓪	［名・他サ］	反省
つうかん 痛感⓪	［名・他サ］	痛感，深切地感到
いがい 意外⓪①	［名・ナ形］	意外，出乎意料
ぜんりょく 全力⓪	［名］	全力

句 型

1. Ｖ　せて／させてくれる・くださる。

接续：动词ない形（去掉"ない"）　せて／させてくれる・くださる

用法：表示他人让自己做某事，含有对对方的感激之情。主语为给予恩惠的人。请求对方是否允许自己做某事时，使用"～せて／させてくれませんか・くださいませんか"。

释义：……让我（我们）……

例句

①両親が早くに亡くなったので、姉が働いて私を大学に行かせてくれました。

②先生は私に学生時代の話をいろいろ聞かせてくださいました。

③Ａ：山田さん、すみませんが、週末車を使わせてくれませんか。

　Ｂ：ええ、いいですよ。

④Ａ：その仕事には、私も興味があります。私にも協力させてくださいませんか。

　Ｂ：あ、いいですよ。よろしくお願いします。

2. V せて/させてもらう・いただく。

　　接続： 动词ない形（去掉“ない”）　せて/させてもらう・いただく

　　用法： 表示请求他人让自己做某事，其中包含对对方的感谢之情。主语为接受恩惠的人。表示请求对方是否允许自己做某事时使用“～せて/させてもらえませんか・いただけませんか”，礼貌程度高于“～せて/させてくれませんか・くださいませんか”。

　　释义： 请……让我（我们）……

⑩⑪

①アルバイトで、いろいろ勉強させてもらって、よかったと思っています。

②Ａ：昨日はどうしたんですか。

　Ｂ：気分が悪かったから、早く帰らせてもらったんです。

③Ａ：私にこのゲームをやらせてもらえませんか。

　Ｂ：はい、どうぞやってみてください。

④Ａ：荷物を降ろしたいので、ここにしばらく車を止めさせていただけませんか。

　Ｂ：あ、はい。かまいませんよ。

3. V せて/させてあげる・やる・おく。

　　接続： 动词ない形（去掉“ない”）　せて/させてあげる・やる・おく

　　用法： 表示容许或放任不管之意。多用于比自己地位低的人或者动植物。表示不介入、保持现在的状态时，用“～せて/させておく”更合适。

　　释义： ……让……

⑩⑪

①そんなにこの仕事がしたいのなら、させてあげましょう。

②遅くまで仕事していて眠いようだから、もう少し休ませてやろう。

③今日はお祝いの会なので、みんなには好きなだけ歌わせておけばいい。

④Ａ：子供たちをそろそろお風呂に入れましょうか。

　Ｂ：楽しそうに遊んでいるから、もう少し遊ばせておこうよ。

4. V せて/させてください。

　　接続： 动词ない形（去掉“ない”）　せて/させてください

　　用法： 表示请求对方允许自己做某事。比“～せて/させてくれませんか・くださいませんか”“～せて/させてもらえませんか・いただけませんか”的礼貌程度低。

　　释义： 请让我（我们）……

例句

①私をこの会社で働かせてください。

②申し訳ありませんが、今日は早く帰らせてください。

③Ａ：誰かこの仕事を引き受けてくれませんか。

　Ｂ：ぜひ私にやらせてください。

④Ａ：私がごちそうしますよ。

　Ｂ：いや、いつもごちそうになっていますので、今日は私に払わせてください。

5.　N1　は　N2　に　V　せられる／される・させられる。

接続：名词1　は　名词2　に　动词ない形（去掉"ない"）　せられる／される・させられる

用法（1）：表示接受某人的命令或指示，不得不做对方指示的动作。

释义：不得已……

例句

①先輩に無理にお酒を飲まされました。

②佐藤さんは毎日遅くまで残業させられているらしいですよ。

③私は野菜が嫌いでしたが、毎日母に野菜を食べさせられました。

④山田君と4時に約束したのですが、駅で30分も待たされました。

用法（2）：表示某事引起某人心理上的变化，使某人对某事产生了特殊的情感。

释义：不由得……

例句

①その小説には強く感動させられました。

②学校の食堂のラーメンの値段が安いのにびっくりさせられました。

③あの有名なサッカー選手のプレーが期待と違うので、がっかりさせられました。

④党の科学教育興国戦略を聞いて、いろいろと考えさせられました。

句型单词

しばらく②	[副]	暂时，片刻	ごちそうになる		
かまう②	[自他五]	（后接否定）		[連語]	被请客，被招待
		（没）关系，	残業⓪	[名・自サ]	加班
		（不）介意	プレー②	[名]	比赛
だけ	[取り立て助]	尽可能，尽量	科学①	[名]	科学
		（表示程度）	興国⓪	[名]	兴国
引き受ける④	[他下一]	承担，负责			

注 解

1. 动词使役被动形

分类	接续方法	基本形	使役被动形
五段动词	将基本形词尾的ウ段假名变为该行的ア段假名后加"せられる"或"される"	使う	使わせられる／使わされる
		書く	書かせられる／書かされる
		泳ぐ	泳がせられる／泳がされる
		待つ	待たせられる／待たされる
		死ぬ	死なせられる／死なされる
		呼ぶ	呼ばせられる／呼ばされる
		読む	読ませられる／読まされる
		座る	座らせられる／座らされる
		話す	話させられる
一段动词	将基本形词尾的"る"去掉后加"させられる"	見る	見させられる
		食べる	食べさせられる
サ变动词	将"する"变为"させられる"	する	させられる
		勉強する	勉強させられる
力变动词	将"来る"变为"来させられる"	来る	来させられる

练习 A 替换练习。

1.

母		私	に	好きなものを買う→		くれました。
その人	は	母	を	座る→	せて／させて	くれました。
社長		私	に	この仕事をする→		くださいました。

2.

私は	父	に	ほしいものを買う→		もらいました。
	母		おいしいものを食べる→	せて／させて	もらいました。
	先生		早く帰る→		いただきました。

3.

留学したいと言った 外で待つのはつらい 疲れているようだ	から、	あの子を	留学する→ 中で待つ→ ゆっくり寝る→	せて／ させて	あげた。 あげよう。 おこう。

4.

うれしいことがあった 友達と相談したいことがある いつも払っていただいている	ので、	私に	お酒を飲む→ 電話をかける→ 今夜はお金を払う→	せて／させてください。

5.

妹 弟 私	は	時々 昨日 駅で	弟 母 王さん	に	泣く→ 3時間も勉強する→ 30分も待つ→	されます。 させられました。 されました。

练习 Ⓑ 根据语境，仿照例句完成会话。

1.

例 A：山本さん、すみませんが、この漫画を読ませてくれませんか／もらえませんか。（漫画を読む）

B：はい、どうぞ。

①A：上原さん、すみませんが、＿＿＿＿＿＿＿＿＿＿＿＿＿。（車を使う）

　B：はい、かまいませんよ。

②A：おもしろそうですね。＿＿＿＿＿＿＿＿＿＿＿＿＿。（読む）

　B：はい、いいですよ。

③A：すみませんが、＿＿＿＿＿＿＿＿＿＿＿＿＿＿＿。（パソコンでメールを送る）

　B：はい、いいですよ。でも、1分待ってください。

④A：あのう、すみませんが、＿＿＿＿＿＿＿＿＿＿＿＿＿。（電話をかける）

　B：はい、どうぞ。ご遠慮なく。

2.

例 A：ちょっとお願いがあるんですが……

B：はい、何ですか。

A：来週の木曜日にビザを取りに行くので、<u>早退させていただけませんか</u>。（早退する）

B：分かりました。いいですよ。

①A：ちょっとお願いがあるんですが……

B：はい、何ですか。

A：頭が痛いので、＿＿＿＿＿＿＿＿＿＿＿＿＿＿＿。（早めに帰る）

B：分かりました。いいですよ。

②A：ちょっとお願いがあるんですが……

B：はい、何ですか。

A：明日試験があるので、＿＿＿＿＿＿＿＿＿＿＿＿＿。（ここで勉強する）

B：分かりました。いいですよ。

③A：すみません。

B：どうしましたか。

A：日本から友達が来るので、＿＿＿＿＿＿＿＿＿＿＿＿＿。（午後から休みを取る）

B：分かりました。いいですよ。

④A：すみません。

B：どうしましたか。

A：これから用事があるので、＿＿＿＿＿＿＿＿＿＿＿＿＿。（お先に失礼する）

B：分かりました。いいですよ。

3.

例 A：娘さんが音楽をやりたいと言ったら、どうしますか。

B：そうですね……<u>本当に好きだったら</u>、<u>やらせてあげますよ</u>。

①A：娘さんが漫画を読みたいと言ったら、どうしますか。

B：そうですね……＿＿＿＿＿＿＿＿＿たら、＿＿＿＿＿＿＿＿＿。

②A：息子さんが留学に行きたいと言ったら、どうしますか。

B：そうですね……＿＿＿＿＿＿＿＿＿たら、＿＿＿＿＿＿＿＿＿。

③A：お子さんが大学をやめたいと言ったら、どうしますか。

B：そうですね……＿＿＿＿＿＿＿＿＿たら、＿＿＿＿＿＿＿＿＿。

④A：生徒さんが海で遊びたいと言ったら、どうしますか。

　　B：そうですね……＿＿＿＿＿＿＿＿＿＿たら、＿＿＿＿＿＿＿＿＿＿。

4.

⑩A：北京に新しい工場を作るので、君が工場長になってくれないか。

　B：少し考えさせてください。（考える）

①A：お会計はいくらですか。

　　B：いつも払ってもらっているので、今夜は＿＿＿＿＿＿＿＿＿＿＿＿。（私が払う）

②A：誰か新しい商品のデザインをしてみないか。

　　B：はい、＿＿＿＿＿＿＿＿＿＿＿＿＿＿。（私がデザインする）

③A：誰かこの仕事を引き受けてくれませんか。

　　B：はい、＿＿＿＿＿＿＿＿＿＿＿＿＿＿。（私がやる）

④A：冬休みに台湾に行くつもりです。

　　B：台湾なら、＿＿＿＿＿＿＿＿＿＿＿＿＿＿。（私の妹が案内する）

5.

⑩A：子供の時、よく兄に泣かされました。（泣く）

　B：でも、今はお兄さんが十分かわいがってくれてるんじゃない？

①A：昨日王さんと3時に約束したのですが、駅で＿＿＿＿＿＿＿＿＿＿。（待つ）

　　B：2時間って、大変でしたね。

②A：子供の時、＿＿＿＿＿＿＿＿＿＿。（家事を手伝う）

　　B：私もそうでした。でも、今の子供はあまり＿＿＿＿＿＿＿＿＿＿ようです。

③A：私はいつも兄に＿＿＿＿＿＿＿＿＿＿。（いろいろなことをする）

　　B：そうなんですか。

　　A：うん、今日も＿＿＿＿＿＿＿＿＿＿。それに夜は＿＿＿＿＿＿＿＿＿＿。（雑誌を買いに行く・晩ご飯を作る）

　　B：わっ、それは大変ですね。

④A：鈴木先生の授業はどうですか。

　　B：私たちは毎日＿＿＿＿＿＿＿＿＿＿ので、テレビを見る暇もありません。それに1回に＿＿＿＿＿＿＿＿＿＿。（作文を書く・たくさんの言葉を覚える）

　　A：へえー、厳しいですね。

练习 C 谈论毕业后的计划。

1. 分组讨论以下问题。

Q1. 卒業後、何をしたいんですか。

Q2. 理想の就職先はどこですか。

Q3. なぜそこで働きたいんですか。

2. 归纳小组讨论的结果，并填入下表。

就職願望	理想の就職先	就職理由
教師になりたい	故郷の高校	高校時代、一番好きだった先生のような教師になりたい。また、教師の仕事は有意義で、安定している。

3. 介绍自己毕业后的计划，并整理成一篇文章。

关联词语

毕业后的计划	大学院に入って勉強を続ける、就職する、日本へ留学に行く、就職せずにすぐ結婚する、公務員の試験を受ける
理想的就业单位	外資系企業、国有企業、政府機関、学校、新聞社、テレビ局、銀行、病院
选择就业单位的理由	給料が高い、職場環境がいい、好きな仕事ができる、仕事の内容が充実していて将来性がある、仕事が楽しくておもしろい、長く勤められるという安定性がある、仕事が創造的だ、会社のレベルが高い

练习单词

つらい⓪	[イ形]	痛苦，难过；苦刻，残酷	会計⓪	[名]	结账，付款
今夜①	[名]	今晚，今夜	～んじゃない？		不……吗？
お願い⓪	[名]	愿望，请求	～先	[接尾]	去处，目的地
ビザ①	[名]	签证	願望⓪	[名・他サ]	愿望，期望
早退⓪	[名・自サ]	早退	故郷①	[名]	故乡，老家
工場長③	[名]	厂长	安定⓪	[名・自サ]	安稳，稳定

小知识

日本的"漢詩"

　　日本汉诗指日本人严格按照中国古代诗歌体式，使用汉字创作的诗歌，受以唐诗为代表的中国古代诗歌的影响。在日本汉诗1300多年的发展历程中，中国古代汉诗作为源头，为日本汉诗提供活水，注入活力。（森槐南的《夜过镇江》"他日扁舟归莫迟，扬州风物最相思。好赊京口斜阳酒，流水寒鸦万柳丝"。此诗多处可寻唐诗的影子，如化用王维《相思》"愿君多采撷，此物最相思"与贺知章《咏柳》"碧玉妆成一树高，万条垂下绿丝绦"。）

　　日本汉学界将日本汉诗的发展历程划分为四个阶段：王朝时期、五山时期、江户时期、明治以后。

　　一、王朝时期（646-1192）

　　这一时期，中国处于隋唐至南宋末年，是诗歌发展鼎盛的年代。日本汉诗发展极为迅速，不仅诗人众多，汉诗作品数量也非常大，在日本汉诗史上具有重要的影响。日本现存最早的汉诗集《怀风藻》就成书于此时。这一时期日本汉诗的创作群体主要是贵族。

　　二、五山时期（1193-1602）

　　这一时期，中国处于南宋至明末。由于遣隋使、遣唐使的中断，镰仓初期许多日本僧人纷纷来到中国，在中日禅僧的推动下，日本又掀起了一次吸收中国文化的高潮。由于佛教影响力极大，佛教内部又重视教育，此时日本汉诗的创作群体主要是僧人。

　　三、江户时期（1603-1868）

　　时间上相当于我国明末至晚清。日本汉诗迎来了空前绝后的鼎盛时期。此时的日本内部重视平民教育，出现了很多儒士，诗歌的创作群体也变成了儒士。

　　四、明治以后（1869-1945）

　　这一时期，基本是我国的晚清至民国时期。中国古典诗歌趋于式微，日本汉诗也趋向没落。

Memo

第15課 ゼミ

学习目标

1 能够使用日语谈论选课事宜。

2 能够使用日语交流课堂汇报事宜。

3 能够使用日语介绍喜欢的课程。

4 了解汉语"敬辞"和日语"尊敬語"。

语法要点

1 お／ご～になる。

2 （尊敬）V。

3 V れる／られる。（尊敬）

4 お／ご～だ。

5 ご～なさる。

6 お／ご～する。

7 お／ご～いたす。

8 （自謙）V。

9 （郑重）V。

基础会话

1. A：先生、この小説をお読みになった
　　ことがありますか。
　B：ええ、学生時代に一度読みました
　　が、いい本ですね。

2. A：夏休み中、先生は出張でいらっ
　　しゃらないので、ゼミの学生だけ
　　で論文を読みませんか。
　B：いいですね。ぜひ。

3. A：中国語がお上手ですね。どこで勉
　　強されたんですか。
　B：日本にいた時、自分で勉強しまし
　　た。

4. A：先生、ご出張ですか。
　B：はい、北京へ行きます。

5. A：来月、ご結婚なさるそうですね。おめでとうございます。
　B：ありがとうございます。

6. A：李さん、発表のテーマはもう決めた？
　B：まだ決めていないんです。決まったら、すぐにご連絡します。

7. A：初めまして、これからあなたの論文を指導する鈴木です。
　B：初めまして、李と申します。どうぞよろしくお願いいたします。

8. A：お目にかかれて光栄です。
　B：本日は、本当にありがとうございました。こちらこそお目にかかれて大変光栄
　　です。

9. A：どちらにお住まいですか。
　B：渋谷に住んでおります。

基础会话单词

ゼミ①	[名]	研究班(课程)，讨论课
いらっしゃる④	[自五]	来；去；在；是（尊敬语）
なさる②	[他五]	做（尊敬语）
申す①	[他五]	说，讲；叫做（郑重语）
お目にかかる	[連語]	见面，拜会（自谦语）
光栄⓪	[名・ナ形]	光荣，荣幸
住まい①②	[名]	居住，住；住所

应用会话

应用会话1　ゼミの先生を決める

小王和小张在商量如何选择讨论课。

王：そろそろどこのゼミか決める時期ですね。

張：そうですね。もう決めましたか。

王：まだですけど、今度先生たちの研究室
　　に伺おうと思っています。

張：どうして？

王：お話を聞きたいので。先生のご専門
　　とか、ゼミのやり方とか。

張：なるほど。明日なら、先生たちの会議があるから、ほとんどの先生は大学にいらっ
　　しゃると思いますよ。

王：そうですか。じゃあ、明日、研究室の前で先生をお待ちします。

張：いや、先に連絡をしてから伺ったほうがいいですよ。メールなら、毎日ご覧になる
　　でしょう。

王：そうですね。突然、伺ったら失礼ですね。そうします。

应用会话1单词

時期①	[名]	时期
伺う⓪	[他五]	拜访，访问（自谦语）
ご覧になる⑤	[連語]	看（尊敬语）
突然⓪	[副]	突然

应用会话2　発表の相談をする

小王向铃木老师请教课堂汇报相关事宜。

王　　　　：(敲门)失礼します。先生、少し
　　　　　　お時間よろしいでしょうか。

鈴木先生：あ、王さん。どうしましたか。

王　　　　：来週の発表のことでちょっと
　　　　　　お伺いしたいことがあるんで
　　　　　　すが……

鈴木先生：ああ、次は王さんの番でした

应用会话2单词

よろしい⓪③	[イ形]	好，可以，行
番①	[名]	班，轮班
かける②	[他下一]	坐
具体的⓪	[ナ形]	具体的
表⓪	[名]	表格
グラフ①⓪	[名]	图表
不自然②	[名・ナ形]	不自然
表現③⓪	[名・他サ]	表现，表达

　　　ね。どうぞ、かけてください。

王　　　：ありがとうございます。資料はこれなんですけど、どう思われますか。

鈴木先生：うーん、あまり具体的じゃないですね。特にこのデータのところ、表とかグ
　　　　　ラフとかを作ってみたらどうですか。そのほうが分かりやすいんじゃないか
　　　　　なと思います。

王　　　：ありがとうございます。

鈴木先生：それから、日本語も少し不自然な表現がありますね。私が直しましょうか。

王　　　：お忙しいところ、お手数をおかけしますが、どうぞよろしくお願いいたしま
　　　　　す。

正 文

ゼミの感想

　大学にはたくさんの先生がいらっしゃ
います。ゼミを決める時に、本当に迷い
ました。先生によって専門やゼミのやり
方が全然違うので、どんなゼミがいいか
分かりませんでした。私は日本語教育に
興味があります。鈴木先生のご専攻は日
本語教育なので、鈴木先生のゼミに決め

正文単词

入る①	[自五]	参加，加入
豊富⓪①	[名・ナ形]	丰富
何でも	[連語]	一切，任何
ご存じ②	[名]	（您）知道（尊敬语）
おっしゃる③	[他五]	说，讲；叫，称呼（尊敬语）

ました。鈴木先生のゼミに入って、本当によかったと思います。先生は知識が豊富で、
何でもご存じです。いつも私の質問にすぐ答えてくださるし、分かりやすく話してくだ
さいます。先生が大学にいらっしゃる時、研究室のドアはいつも開いているので、すぐ
に分かります。大学の中でお会いした時、いつもあいさつをしてくださるので、学生に
とても人気があります。ゼミのレポートや活動の時は少し厳しいようですが、みんな先
生が大好きです。これからは卒業論文の指導もしていただきます。先生のおっしゃるよ
うにすれば、大丈夫だと思います。

1. お／ご〜になる。

   接続： お　動詞連用形Ⅰ／ご　サ変動詞词干　になる

   用法： 一般动词的尊敬语形式，用于向对方或谈话中涉及的人物表示敬意。但词干是单音节的一段动词（"いる""見る""着る"等）与"来る""する"等不能用于此句型。关于"尊敬语"的用法，详见"注解1"。

   例句

   ①何時ごろお出かけになりますか。

   ②時間があまりありません。お急ぎにならないと。

   ③山田先生は結婚式にご出席になりました。

   ④田中先生は1995年に東都大学をご卒業になりました。

2. （尊敬）V。

   用法： 生活中一些使用频率较高的动词，通常有特殊尊敬语形式，详见注解1"敬语动词一览"。

   例句

   ①先生が教室にいらっしゃいましたよ。

   ②話題の映画はもうご覧になりましたか。

   ③どうぞお寿司をたくさん召し上がってください。

   ④先生がそうおっしゃいました。

3. V　れる／られる。（尊敬）

   接続： 动词ない形（去掉"ない"）　れる／られる

   用法： 助动词"れる""られる"接在一般动词ない形（去掉"ない"）后，表示对他人行为的尊敬。这种敬语形式多用于男性的讲话、报纸、公文等，尊敬程度不如"お／ご〜になる"。关于"尊敬语"的用法，详见"注解1"。

   例句

   ①今朝の新聞はもう読まれましたか。

   ②部長は飛行機で夕方、来られるそうです。

   ③社長は今外出されています。

   ④鈴木先生は今奥様と電話で話されています。

4. お／ご～だ。

　　接続：　お　动词连用形Ⅰ／ご　サ变动词词干　だ

　　用法：　与"句型1""句型3"相同，是一般动词加尊敬语形式，但该句型含有"正要做……"或现在
　　　　　　所处的某种持续状态之意。关于"尊敬语"的用法，详见"注解1"。

　(例句)

　①先生、今年の夏休みはどちらでお過ごしですか。

　②お客様がこちらでお待ちです。

　③田中先生はご出張でしょうか。

　④藤原部長は明日からご旅行です。2週間いらっしゃらないそうです。
　　ふじわら

5. ご～なさる。

　　接続：　ご　サ变动词词干　なさる

　　用法：　与"句型1""句型3""句型4"相同，是一般动词的尊敬语形式，"なさる"是"する"的尊
　　　　　　敬动词。关于"尊敬语"的用法，详见"注解1"。

　(例句)

　①もうすぐお客様がご到着なさいます。

　②ご遠慮なさらないでください。

　③韓国へはいつご出発なさるんですか。

　④あの先生はよく一人でご旅行なさるそうです。

6. お／ご～する。

　　接続：　お　动词连用形Ⅰ／ご　サ变动词词干　する

　　用法：　一般动词的自谦语形式。关于"自谦语"的用法，详见"注解1"。

　(例句)

　①お客様、すぐにタクシーをお呼びします。

　②先生、お荷物をお持ちしましょうか。

　③今から、当社の製品をご紹介します。

　④いらっしゃいませ。お席にご案内します。

7. お／ご～いたす。

　　接続：　お　动词连用形Ⅰ／ご　サ变动词词干　いたす

　　用法：　在"句型6"的基础上，将"する"替换为郑重语"いたす"，提高了自谦的程度。因为

使用了"郑重语"，所以应以"いたします"的形式使用。关于"自谦语""郑重语"的用法，详见"注解1"。

例句

①先日お借りした本、お返しいたします。ありがとうございました。

②未成年の方のご来店はお断りいたします。

③こちらの機械の操作方法をご説明いたします。

④こちらで確認してから、後ほどご連絡いたします。

8. （自谦）V。

用法：生活中一些使用频率较高的动词，通常有特殊自谦语形式，详见注解1"敬语动词一览"。

例句

①あのう、卒論のことで、ちょっとお伺いしたいことがあるのですが……

②ちょっと、ここの資料を拝見してもよろしいでしょうか。

③一度お目にかかりたいのですが、ご都合はいかがでしょうか。

④Ａ：紅茶でも、どう？

　Ｂ：ありがとうございます。いただきます。

9. （郑重）V。

用法：生活中使用频率较高的动词当中，"する""いる""ある""思う""知っている""行く""来る""言う"这8个动词有特殊郑重语形式，这些郑重语要与"ます"一起使用，不能以基本形结句。详见注解1"敬语动词一览"。

例句

①よろしければ、明日9時に先生の研究室に参ります。

②これから、新入部員の紹介をいたします。

③この動物園にはパンダが3頭おります。

④Ａ：あの山は、何という山ですか。　Ｂ：あれは、「黒姫山」と申します。

⑤私たちはそれぞれの立場で学習や仕事で努力することによって、中華民族の偉大な復興という中国の夢の実現にこれからも貢献してまいります。

句型单词

召し上がる⓪④	［他五］	吃；喝（尊敬语）
到着⓪	［名・自サ］	到，到达，抵达
当社①	［名］	本公司
製品⓪	［名］	制品，产品
未成年②	［名］	未成年（人）
来店⓪	［名・自サ］	光顾商店
断る③	［他五］	拒绝，谢绝
後ほど⓪	［副］	待会儿，随后
拝見⓪	［名・他サ］	拜读，看（自谦语）
参る①	［自五］	去；来（郑重语）
新入部員⑤	［名］	新社员
いたす②⓪	［他五］	做，为，办（郑重语）
動物園④	［名］	动物园
～頭	［助数］	头
おる①	［自五］	在，有（郑重语）
それぞれ②③	［名・副］	各自，分别
復興⓪	［名・自他サ］	复兴，重建
中国の夢	［名］	中国梦

注　解

1.　敬语

敬语，用于对谈话中涉及的人物或者听话人表示敬意。下面介绍日语敬语的分类及功能。

日语的敬语分为五类：尊敬语、自谦语、礼貌语、郑重语、美化语。其中，尊敬语和自谦语是有关说话人如何看待自己与听话人或话题中人物之间关系的敬语，前者用来表述对方或者第三方的行为、事物或状态等，后者用来表述自己或己方的行为、事物等。郑重语是在谈话或文章中向对方郑重地描述自己的行为、事情。礼貌语是在谈话或文章中对对方的礼貌性陈述。美化语是用优美的方式描述事物。

①尊敬语：　说话人使用尊敬语表达谈话中特定人物的行为、状态、所有物等，以抬高该特定人
（尊敬語）　物。

②自谦语：　当说话人做某一动作，如"送る""頼る""写真を撮る""案内する"等，动作的接受
（謙譲語）　者是特定人物时，说话人使用自谦语来描述该动作或动作涉及的事物，以此表达对该
　　　　　　特定人物的尊敬。

③郑重语：　在面对社会地位较高的人或在众人（这些人的社会地位与说话人相同，抑或低于说话
（丁重語）　人）面前讲话时，说话人使用郑重语表述。说话人所描述的内容包括个人的行为或状
　　　　　　态以及自然现象、社会状况等周围的环境，但并不一定反映个人的人际关系。

④礼貌语：　使用"です""ます"等礼貌的说法，向对方表示敬意。礼貌语中的"でございま
（丁寧語）　す""であります"替代"です"，这种表达也被称作"郑重礼貌语"。

⑤美化语：　通过添加接头辞 "お" 和 "ご"（均以假名书写）形成的名词短语。"お" 接在 "和語（日
（美化語）　语词）" 前，"ご" 接在 "漢語（汉语词）" 前，但这只是一种使用倾向，如 "電話" 是汉
语词，其美化语是 "お電話"。

　一般词语的敬语形式以及敬语动词分别如下所示。

分类	词类	表达形式	基本形式	敬语形式
尊敬语	动词	お／ご～になる	待つ 乗車	お待ちになる ご乗車になる
		尊敬语动词	いる・行く 食べる	いらっしゃる 召し上がる
		れる／られる	待つ 乗車	待たれる 乗車される
		お／ご～だ	待つ 乗車	お待ちだ ご乗車だ
		お／ご～なさる	出席 乗車	ご出席なさる ご乗車なさる
	イ形容词 ナ形容词	前接 "お" 或 "ご"	忙しい 多忙だ	お忙しい ご多忙だ
	名词	前接 "お" 或 "ご"	車 出身 家	お車 ご出身 お住まい、お宅
		前接 "御" "み" "尊" "貴" 等	礼 心 会社	御礼 み心 貴社、御社
		人名后加上 "様" "さん" "先生" "先輩" "社長" "部長" "各位" 等敬称或职务	鈴木秀夫 王 山田 利用者	鈴木秀夫様 王さん 山田先生 利用者各位
	代词		誰 あの人	どなた あの方、あちらの方

（续表）

分类	词类	表达形式	基本形式	敬语形式
自谦语	动词	お／ご～する	待つ 相談する	お待ちする ご相談する
		お／ご～いたす	持つ 連絡する	お持ちいたします ご連絡いたします
		自谦语动词	訪問する 見る	伺う 拝見する
		お／ご～いただく	買ってもらう 教示	お買いいただく ご教示いただく
		お／ご～申し上げる	願う 辞退する	お願い申し上げる ご辞退申し上げる
	名词	前接"お"或"ご"	手紙 連絡	お手紙 ご連絡
郑重语	动词	—	いる 行く／来る 言う する ある 思う 知っている	おります 参ります 申します いたします ございます 存じます 存じています・存じております
	名词	前接"小""弊""粗""拙""愚"等	当社 品（しな） 著作（ちょさく） 意見	弊社、小社 粗品（そしな） 拙著（せっちょ） 愚見（ぐけん）

（续表）

分类	词类	表达形式	基本形式	敬语形式
礼貌语	动词	ます	見る	見ます
	名词	です	学生だ	学生です
	ナ形容词		きれいだ	きれいです
	名词	であります	学生だ 田中だ	学生であります 田中であります
	ナ形容词		立派だ 新鮮だ	立派であります 新鮮であります
	イ形容词		寒い	寒いであります（现代日语中一般不这样使用）
	名词	でございます	学生だ 田中だ	学生でございます 田中でございます
	ナ形容词		立派だ 新鮮だ	立派でございます 新鮮でございます
	イ形容词		寒い 懐かしい	寒うございます 懐かしゅうございます（"寒う"和"懐かしゅう"是其イ形容词的ウ音便形）
美化语	名词	前接"お"	店 菓子 食事 電話	お店 お菓子 お食事 お電話
		前接"ご"	住所 説明 祝儀 苦労	ご住所 ご説明 ご祝儀 ご苦労

敬语动词一览

一般动词	尊敬动词	自谦动词	郑重动词
会う	—	お目にかかる	—
ある	—	—	ございます
言う	おっしゃる	申し上げる	申します
行く	いらっしゃる おいでになる お越しになる	伺う 上がる	参ります
いる	いらっしゃる おいでになる	—	おります
受け取る	—	拝受する	—
思う	—	—	存じます
借りる	—	拝借する	—
聞く	（〜が）お耳に入る	伺う 承る 拝聴する	—
着る 穿く 履く	召す お召しになる	—	—
来る	いらっしゃる おいでになる 見える お見えになる お越しになる	—	参ります
死ぬ	お亡くなりになる 亡くなられる	—	—
知らせる	—	お耳に入れる	—
知っている	ご存じだ	（人を）存じ上げている 承知している	存じています
する	なさる	—	いたします

（续表）

一般动词	尊敬动词	自谦动词	郑重动词
訪問する	—	伺う	—
訪ねる		上がる	
食べる	召し上がる	いただく	—
飲む	上がる	ちょうだいする	
もらう	—	いただく ちょうだいする	—
くれる	くださる	—	—
あげる	—	さしあげる	—
寝る	お休みになる	—	—
見せる	—	お目にかける ご覧に入れる	—
見る	ご覧になる	拝見する	—
読む	—	拝読する	—

2. ～んじゃないかな。

接続: 动词连体形／イ形容词基本形　んじゃないかな

　　　ナ形容词词干／名词（なん）じゃないかな

用法: 表示说话人的委婉判断。

释义: 是不是……?

例句

①こんな設定をするとホームページが読みやすくなるんじゃないかな。

②大学に行かなくてもいいんじゃないかなと思う人が多くなっているようです。

③田中先生はよく旅行に行ってるし、元気なんじゃないかな。

④夢なんじゃないかなという感じもありましたが、本当にうれしかったです。

3. ～ところ（を）～。

接続: 动词连用形 I 中^{ちゅう}の／イ形容词基本形／名词の　ところ（を）～

用法: 在打扰对方或给对方添麻烦时使用，后续表示委托、致歉、致谢等含义的句子。

释义: 在……之中，在……之时

例句

①お休み中のところをお電話してすみませんでした。

②お忙しいところを申し訳ありませんが、ちょっとお邪魔いたします。

③本日はご多忙のところお集まりいただき、ありがとうございます。

④お楽しみのところを恐縮ですが、ちょっとお時間を拝借できないでしょうか。

注解单词

設定⓪	[名・他サ]	设定	
ホームページ④	[名]	主页	
邪魔⓪	[名・他サ]	打扰，打搅	
本日①	[名]	本日，今天	

多忙⓪	[名・ナ形]	繁忙，百忙之中	
恐縮⓪	[名・自サ]	不好意思，过意 不去	
拝借⓪	[名・他サ]	借(用)(自谦语)	

练习 Ⓐ 替换练习。

1.

この小説はもう	読む→お読みになり
社長、奥様にお電話を	かける→　　　　ましたか。
先生はいつアメリカを	訪問する→

2.

先生、明日は何時に学校に	くる→いらっしゃい
会長、ワインを	飲む→　　　　ますか。
社長、日曜日に何を	する→

3.

会長は来週の木曜日にアメリカから	帰る→帰られ　　ます。
先生、どこで電車を	降りる→　　　　ますか。
田中さんのお父さんは毎朝、	散歩する→　　　　るそうです。

4.

特急券を	持つ→お持ち	ですか。
会長、先ほどから、田中様が	待つ→	です。
社長、何を	探す→	ですか。

5.

お嬢様は落ち着いた声で	返事する→お返事	
先月、田中先生ご一家はチベットへ	旅行する→	なさいました。
エリカ様が6年ぶりにバラエティーに	出演する→	

6.

私が	おかばんを	持つ→お持ちし	ましょう。
	タクシーを	呼ぶ→	
	会場へ	案内する→	

7.

後ほど、こちらから	連絡する→ご連絡いたし	
では、今日の発表について	説明する→	ます。
1万円、	預かる→	

8.

そのことは昨日、会長に	言う→申し上げ	
展覧会で先生のお描きになった絵を	見る→	ました。
昨日、先生の研究室に	訪問する→	

9.

だいぶ涼しくなって	くる→まいり	ました。
どんな方にも間違いが	ある→	ます。
耳を澄ますと、波の音が	する→	ます。

练习 B 根据语境，仿照例句完成会话。

1.

例 A：この本を書いたのは誰ですか。

　B：私の研究室の先生がお書きになりました。

①A：車を呼んだのは誰ですか。

　B：課長が＿＿＿＿＿＿＿＿＿＿＿。

②A：この料理を作ったのは誰ですか。

　B：部長の奥様が＿＿＿＿＿＿＿＿＿＿＿。

③A：新しい製品の名前を決めたのは誰ですか。

　B：社長が＿＿＿＿＿＿＿＿＿＿＿。

2.

例 A：先生は今度の旅行にいらっしゃいますか。

　B：いいえ、私は行きません。

①A：部長、今朝のテレビのニュースを＿＿＿＿＿＿＿＿＿＿＿か。

　B：うん、見たよ。

②A：先生は、どちらに＿＿＿＿＿＿＿＿＿＿＿。

　B：中国に住んでいます。

③A：先週のゼミで、先生は何と言いましたか。

　B：来週、発表があると＿＿＿＿＿＿＿＿＿＿＿。

3.

例 A：社長は何かスポーツをされますか。

　B：ゴルフをします。

①A：部長は何時ごろ＿＿＿＿＿＿＿＿＿＿＿か。

　B：3時ごろ戻ります。

②A：部長の奥様もご一緒にゴルフに＿＿＿＿＿＿＿＿＿＿＿か。

　B：ええ、たまに一緒に行きます。

③A：先生は来週の国際会議で何について＿＿＿＿＿＿＿＿＿＿＿か。

　B：日本の将来について話します。

4.

㋹ A：今年の夏休みはどちらでお過ごしですか。

B：そうですね、北海道のような涼しいところで過ごしたいですね。

①A：先生、＿＿＿＿＿＿＿＿＿＿＿＿＿か。

B：ええ、帰ります。

②A：田中さん、カメラを＿＿＿＿＿＿＿＿＿＿＿＿＿。

B：はい、持っています。

③A：最近は、何について＿＿＿＿＿＿＿＿＿＿＿か。

B：中国の伝統文化について研究しています。

5.

㋹ A：レジ袋をご利用なさいますか。（利用する）

B：いいえ、けっこうです。

①A：ちょっと伺いたいのですが、先生は中国文学を＿＿＿＿＿＿ていますね。（研究する）

B：はい、そうです。

②A：部長、午後の会議に＿＿＿＿＿＿ますか。（出席する）

B：うん、出るよ。

③A：詳しいことについては添付データを＿＿＿＿＿＿てください。（確認する）

B：はい、分かりました。

6.

㋹ A：重そうですね。お持ちしましょうか。（持つ）

B：すみません。お願いします。

①A：忙しそうですね。＿＿＿＿＿＿＿＿＿＿＿＿か。（手伝う）

B：ありがとうございます。お願いします。

②A：雨ですね。＿＿＿＿＿＿＿＿＿＿＿＿か。（傘を貸す）

B：いいんですか。ありがとうございます。

③A：タクシーが必要ですね。＿＿＿＿＿＿＿＿＿＿＿＿か。（呼ぶ）

B：そうですか。お願いします。

7.

例 A：皆さん、来月のスケジュールはお持ちですか。

B：いいえ、ありません。

A：では、今度私がご説明します。（説明する）

①A：京劇をご覧になったことがありますか。

B：いいえ、ありません。

A：では、今度私が＿＿＿＿＿＿＿＿＿＿＿。（招待する）

②A：松本部長にお会いになったことがありますか。

B：いいえ、ありません。

A：では、今度私が＿＿＿＿＿＿＿＿＿＿＿。（紹介する）

③A：北京においでになったことがありますか。

B：いいえ、ありません。

A：では、今度私が＿＿＿＿＿＿＿＿＿＿＿。（案内する）

8.

例 A：資料は私がお持ちいたします。

B：どうもありがとうございます。

①A：この問題は私が＿＿＿＿＿＿ます。（回答する）

B：ありがとうございます。

②A：お会計は4998円になります。おつりとレシートを＿＿＿＿＿＿ます。（渡す）

B：どうも。

③A：使い方を＿＿＿＿＿＿ますので、少々お待ちください。（説明する）

B：はい、よろしくお願いします。

9.

例 A：ご担当の方にお目にかかることができて光栄です。

B：そう言っていただけると、大変うれしいです。

①A：実は当社の製品の中でも、特に＿＿＿＿＿＿たいものがあるのですが……

B：どれどれ、見せて。

②A：来週の同じ時間にこちらへ＿＿＿＿＿＿ます。

B：では、待っております。

③A：久しぶりにお顔を＿＿＿＿＿＿できて、大変うれしく思います。

B：こちらこそ。

10.

例 A：いつ東京へいらっしゃいますか。

B：来週<u>参ります</u>。

①A：上の階には何がありますか。

B：会議室と食堂が＿＿＿＿＿＿＿＿＿＿＿＿。

②A：高橋さんが日本へ帰られたのをご存じですか。

B：いいえ、＿＿＿＿＿＿＿＿＿＿＿＿。

③A：この動物園にはゴリラがいますか。

B：はい、5頭＿＿＿＿＿＿＿＿＿＿＿＿。

练习 C 谈论课堂汇报。

1. 分组讨论以下问题。

Q1．日本語で発表したことがありますか。

Q2．何について発表しましたか。

Q3．発表について、先生と相談したことがありますか。先生から何かアドバイスをいただきましたか。

Q4．発表で気をつけることは何だと思いますか。

2. 归纳小组讨论的结果，并填入下表。

発表内容	先生からのアドバイス	発表の注意事項
日本の文化	説明の流れをもう少し工夫すること 自分の意見や感想を入れること	原稿を読むのではなく、聞き手に語りかけるようにすること アクセント、イントネーションに注意すること

3. 介绍自己喜欢的课程，并整理成一篇文章。

关联词语

课型	ゼミナール、セミナー、演習、講義、発表、プレゼンテーション
课堂汇报的准备	原稿、テーマ、タイトル、レジュメ、プリント、資料、配る、説明の流れ、図やグラフ、質問、質疑応答、リハーサル
课堂汇报时的注意事项	大切なことは最初にする。 書いた文字に頼らない。 一文を短くして分かりやすくする。 ゆっくり話す。 原稿を読むのではなく、聞き手に語りかけるようにする。 姿勢をよくして、テンポよく大きな声で明るく話をする。 決まった時間内で終える。

练习单词

特急券③	[名]	特快车票	おいでになる⑤	[自五]	来；去；在(尊敬语)	
先ほど⓪	[名・副]	方才，刚才				
お嬢様②	[名]	令爱，(您的)女儿	回答⓪	[名・自サ]	回答，答复	
一家①	[名]	一家	レシート②	[名]	收据，收款条	
バラエティー②	[名]	多样化；综艺节目	お目にかける	[連語]	给……看(自谦语)	
出演⓪	[名・自サ]	演出，登台，表演	ご覧に入れる	[連語]	给……看(自谦语)	
預かる③	[他五]	(代人)保管，收存	どれどれ①	[感]	("どれ"的强调形式)哎，喂	
会長⓪	[名]	会长				
申し上げる⑤⓪	[他下一]	说，讲(自谦语)	ゴリラ①	[名]	大猩猩	
ござる②	[自五]	有(郑重语)	流れ③	[名]	流程	
耳を澄ます	[連語]	倾听	工夫⓪	[名・他サ]	想办法，动脑筋，钻研	
ゴルフ①	[名]	高尔夫(球)				
国際会議⑤	[名]	国际会议	聞き手⓪	[名]	听者，听众	
レジ袋③	[名]	购物袋	語りかける⑤	[他下一]	搭话，述说	
うん①	[感]	嗯(比 "はい" 随意)	アクセント①	[名]	重音，声调	
			イントネーション④			
添付①⓪	[名・他サ]	添上，附上		[名]	语调	
京劇⓪	[名]	京剧				

汉语"敬辞"和日语"尊敬語"

敬语是表达敬意和礼貌的语言形式，是为适应文明社会人际交往的需要而产生的。《礼记》中说："夫礼者，自卑而尊人"。人际交往中，"贬己尊人"是"礼"的基本原则。我国是一个历史悠久的文明古国，古代汉语中敬语体系十分发达。到了现代社会，社会环境的改变和人们思想观念的变化对汉语敬语造成了一定的影响，语言生活中敬语使用频率有所下降，但敬语对于建立和谐的人际关系仍然起着重要作用。

现代汉语中的敬语大体包括三种：敬辞、谦辞和礼貌语。其中，敬辞是最重要的表达敬意的方式之一。敬辞是含有尊敬之意的词，用于指称他人（主要是对方）或与他人有关的人或事，如"令堂""芳龄""莅临"等。根据所指内容的差异，汉语敬辞可分为：（1）呼语：直接称呼对方，如"您""先生""阁下""诸位""教授"等；（2）人物：指称与对方有关的人物，如"令尊""令堂""贤妻""令郎""令爱""哲兄"等；（3）事物：指称与对方有关的事物，如"贵国""贵姓""大作""尊府""贵校"等；（4）行为：指称对方的行为或与对方相关的行为，如"莅临""驾临"等。

日语的敬语分为尊敬语、自谦语、郑重语、礼貌语、美化语五种。在表示敬意的方式上，汉语主要依赖词汇手段。而日语尊敬语的表敬方式除使用敬语动词之外，还会使用接头词接尾词、助动词、补助动词、表敬句式四种方式。

汉语传入日本，一些语言形式被借用到了日语中。就敬语而言，表示呼语、人物、事物、行为等敬辞大都直接保留在了日语中，至今仍在使用。

第 16 課 忘年会

学习目标

1 能够使用日语交流 "忘年会" 的准备情况。

2 能够使用日语交流参加 "忘年会" 的感受。

3 能够使用日语策划一份 "忘年会" 方案。

4 了解汉语 "谦辞" 和日语 "謙譲語（けんじょうご）"。

语法要点

1 お／ご～ください。　　　　　　　2 お／ご～いただけませんか。

3 ～でございます。　　　　　　　　4 ～でいらっしゃいます。

5 お／ご～くださる。　　　　　　　6 お／ご～いただく。

7 お／ご～申し上げる。　　　　　　8 お／ご～願う。

9 お／ご～に預かる。　　　　　　　10 V　ております／てまいります／てございます。

11 V　ませ。

基础会话

1. A：申し訳ありませんが、少々こちら
でお待ちください。

B：分かりました。

2. A：申し訳ありませんが、明日までに
ご連絡いただけませんか。

B：分かりました。

3. A：すみません、トイレはどこです
か。

B：お手洗いは2階でございます。

4. A：大学でお世話になりました李と申
しますが、先生はご在宅でいらっ
しゃいますか。

B：はい、ちょっとお待ちください。

5. A：すみません、予約したいんですけ
ど、まだ人数が分からないんで
す。

基础会话单词		
お手洗い③	[名]	洗手间，厕所
世話②	[名・他サ]	照顾，帮助
在宅⓪	[名・自サ]	在家
人数①	[名]	人数
かしこまる④	[自五]	知道，明白
一言②	[名]	一句话；几句话
皆様②	[名・代]	诸位，各位，大家
願う②	[他五]	恳求
乾杯⓪	[名・自サ]	干杯
音頭①	[名]	带头（人），发起（人）
ただいま②	[副]	现在；刚才；马上
預かる③	[他五]	承蒙
せんえつ⓪	[名・ナ形]	冒昧
ごちそうさま⓪	[名]	多谢款待
賞味①	[名・他サ]	品尝

B：かしこまりました。二日前までにご連絡くだされば、変更ができますので、ご
安心ください。

6. A：少々お待ちいただくことになりますが、よろしいですか。

B：そうですか。それじゃあ、またの機会にします。

7. A：最初に、鈴木先生から一言お願いいたします。

B：それでは、私から皆様にごあいさつ申し上げます。

8. A：みんなで部長にプレゼントをしようと思いますので、ご協力願えませんでしょ
うか。

B：もちろん。

9. A：では、乾杯の音頭を佐藤様にお願い申し上げます。

B：ただいまご紹介に預かりました佐藤でございます。せんえつながら乾杯の音頭
を取らせていただきます。

10. A：ごちそうさま。また来ます。

B：ありがとうございました。またのご来店、お待ちしております。

11. A：こちらは新商品でございます。ぜひ一度、ご賞味くださいませ。

B：じゃあ、一つください。

応用会话

応用会話1　忘年会を企画する

小金和科长在谈论"忘年会"的准备情况。

キム：もうすぐ今年も終わりますね。

課長：そうですね。忘年会の季節になりましたね。今年の幹事は誰でしたか。

キム：今年の幹事は私でございます。

課長：そうですか。大変だと思うけど、頑張ってください。部長にも声をかけてくださいね。

キム：そうですね。乾杯だけでも、お越しいただけるといいのですが……

課長：さっそくご案内のメールを作ってください。

キム：もうできているので、ご確認いただけますか。

課長：はい、見せてください。

応用会話1単词

も	[取り立て助]	表示感慨
幹事①	[名]	干事
越す⓪	[自五]	去；来
さっそく⓪	[副]	立刻，马上，赶紧

応用会話2　忘年会で

小金主持"忘年会"，科长致辞，部长祝酒。

キム：それではこれより、今年の忘年会を始めさせていただきます。本日司会進行を務めさせていただくキムと申します。よろしくお願いいたします。では、さっそくですが、まず、佐藤課長に一言ごあいさつをお願いいたします。

課長：ただいまご紹介に預かりました佐藤でございます。皆様、この一年、本当にお疲れ様でした。今年は例年にない不況の年となりましたが、皆様の努力により、当社は昨年を上回る業績を上げることができました。私も一社員として、皆様と一緒に努力できたことを大変誇らしく思っております。さて、本日はお忙しい中、山田部長にもお越しいただき、誠にありがとうございます。それでは、乾杯の音頭は、山田部長にお願いいたします。

部長：ご紹介に預かりました山田でございます。それでは、当社のますますの発展と社員の皆様のご健勝を祈願いたしまして、乾杯！

全員：乾杯！

キム：なお、本日は食べ放題、飲み放題となっております。皆様方にご満足いただければ幸いです。

課長：部長、お忙しいところ、お越しいただきまして、誠にありがとうございます。営業課一同を代表して、心から御礼申し上げます。

部長：いえいえ、誘ってもらえてうれしいです。今年はよく頑張りましたね。来年もよろしく頼みますよ。

課長：はい、お任せください。

キム：では、これからビンゴ大会を開始いたします。皆様、ご参加ください。

应用会话2单词

より	[格助]	（"から"的书面语）自，从
司会⓪	[名・自他サ]	主持会议，会议主持人，司仪
進行⓪	[名・自他サ]	进行，进展，推进
務める③	[他下一]	担任，担当
例年⓪	[名]	历年，往年
により	[連語]	由于……，因为……
昨年⓪	[名]	去年
上回る④⓪	[自五]	超过，超出
業績⓪	[名]	成就，业绩
上げる⓪	[名]	获得，取得
誇らしい④	[イ形]	自豪，洋洋得意
さて①	[接続]	那么，且说
中①	[名]	正当中，正值
誠に⓪	[副]	实在，诚然
健勝⓪	[名・ナ形]	健康，强健，健壮
祈願①	[名・他サ]	祈祷
なお①	[副]	另外，再有
～放題	[接尾]	无限制地，自由地，随便地
課①	[名]	科
一同③	[名]	全体，大家
代表⓪	[名・他サ]	代表
御礼⓪	[名]	谢意，感谢话
ビンゴ大会④	[名]	宾果游戏

正 文

幹事を終えて

今年、忘年会の幹事をさせていただきましたキム・ジンウでございます。今年は去年と違い、課の方々、さらに部長までご参加くださいました。お店を予約したり、予算はいくらか考えたり、案内状を作成したり、分からないところは先輩や上司にご指導いただきました。忘年会では部長や課長から、貴重なお話をお聞きすることができました。食べ放題、飲み放題となっておりましたので、皆様にはお好きな飲み物や食べ物を召し上がっていただけたと思います。ビンゴ大会などもあり、皆様にもご満足いただけたかと思います。今年も残りあとわずかですが、気を抜かずに頑張っていこうと思っております。次は新入社員歓迎会の幹事の仕事が待っております。また部長にもご出席願いたいと考えております。ご多忙中にもかかわらず、お越しいただいた皆様に、心より御礼申し上げます。

正文单词

方々②	[名]	(敬称)各位，诸位
まで	[取り立て助]	甚至于，连……都
予算⓪①	[名・他サ]	预算
案内状⓪	[名]	请帖，请柬
作成⓪	[名・他サ]	编写，制定
上司①	[名]	上司，上级，领导
わずか①	[副・ナ形]	少，一点点
気を抜く	[連語]	疏忽，大意
新入社員⑤	[名]	新员工，新人
歓迎会③	[名]	欢迎会

句 型

1. お/ご～ください。

   接続： お　动词连用形Ⅰ／ご　サ变动词词干　ください

   用法： 表示请求、指示、劝诱等。尊敬程度高于"～てください"。

   释义： 请……

   例句

   ①李さんによろしくお伝えください。

   ②踏切を渡る時は、列車にご注意ください。

   ③何もございませんが、どうぞお召し上がりください。

④A：松本部長はいらっしゃいますか。

　　B：ええ、こちらのお部屋です。どうぞお入りください。

2.　お／ご～いただけませんか。

接続：　お　動詞連用形Ⅰ／ご　サ変动词词干　いただけませんか

用法：　用于请求他人为自己做某事。自谦程度高于"～ていただけませんか"。

释义：　能不能请您……?

(例句)

①よろしかったら、お電話番号とメールアドレスをお教えいただけませんか。

②参加者の皆様、会場の設営をお手伝いいただけないでしょうか。机や椅子を所定の位置に
　並べる作業です。よろしくお願いいたします。

③日本語の敬語の使い方について、もう少し詳しくご説明いただけないでしょうか。

④お勧めの観光スポット、おみやげ屋さん、レストラン、宿泊先などございましたら、ご紹
　介いただけないでしょうか。

3.　～でございます。

接続：　ナ形容词词干／名词　でございます

用法：　"でございます"是"です"的郑重表达形式，通常用于商店、车站、餐厅等以顾客为听话
　人的场合。

(例句)

①佐々木でございます。はじめまして、どうぞよろしくお願いします。

②ご多忙のところ大変恐縮でございますが、よろしくお願い申し上げます。

③次は5階でございます。お降りの方はいらっしゃいませんか。

④A：駅までの送迎はありますか。

　　B：もちろんでございます。最寄りの〇〇温泉駅までお迎えに上がりますので、事前にお
　　　知らせください。

4.　～でいらっしゃいます。

接続：　ナ形容词词干／名词　でいらっしゃいます

用法：　"でいらっしゃいます"是"です"的尊敬语表达形式，向谈及的人物表示敬意。

(例句)

①お父さんは元気でいらっしゃいますか。

②林さんは北京のご出身でいらっしゃいますよね。

③鈴木先生はご専攻が日本語教育でいらっしゃいます。

④あのう、何をお探しでいらっしゃいますか。

5. お／ご～くださる。

接続： お　動詞連用形Ⅰ／ご　サ変動词词干　くださる

用法： 用于描述他人对自己（己方）有益的行为，含有尊敬或感谢之意。尊敬程度高于"～てくださる"。

例句

①今日お話しくださる先生は、東南大学の山川先生です。

②いろいろご指導くださり、ありがとうございました。

③部長はお忙しい中、忘年会にご出席くださいました。

④先輩はわざわざキャンパスをご案内くださいました。

6. お／ご～いただく。

接続： お　動詞連用形Ⅰ／ご　サ変动词词干　いただく

用法： 表示说话人或己方承蒙对方某种恩惠，或请求对方为自己做某事，含有感谢之意。自谦程度高于"～ていただく"。

例句

①今日は遠いところをわざわざお集まりいただきまして、誠にありがとうございます。

②お名前とお電話番号をお教えいただければ、こちらでお調べいたします。

③わざわざ発表会にご出席いただき、誠にありがとうございます。

④ご親切にご指導いただき、心より御礼申し上げます。

7. お／ご～申し上げる。

接続： お　動詞連用形Ⅰ／ご　サ変动词词干　申し上げる

用法： 自谦程度高于"お／ご～する"，多用于书信或较郑重的寒暄、致辞等。

例句

①今後ともどうぞよろしくお願い申し上げます。

②ご多幸を心よりお祈り申し上げます。

③先生のご指導をお願い申し上げます。

④この件については、改めてご報告申し上げるつもりでおります。

8.　お／ご〜願う。

　　接续：　お　动词连用形Ⅰ／ご　サ变动词词干　願う

　　用法：　通常用于说话人恳请对方做某事，或请求对方为自己（己方）做某事。

　　例句

　　①ご迷惑をおかけしますが、後ろの車両にお乗り換え願います。

　　②こちらでのおタバコはご遠慮願っております。

　　③係員の指示を守っていただけない場合は、ご退場願うこともあります。

　　④できれば、この資料を二、三日お貸し願えないでしょうか。

9.　お／ご〜に預かる。

　　接续：　お　动词连用形Ⅰ／ご　サ变动词词干　に　預かる

　　用法：　表示说话人承蒙对方好意或恩惠，含有感谢之意，自谦程度高于"お／ご〜いただく"，多用于书信、文章、讲演以及其他郑重场合。

　　释义：　承蒙……

　　例句

　　①お招きに預かり、誠にありがとうございます。

　　②お褒めに預かり、この上もない光栄に存じます。

　　③ただいまご紹介に預かりました渡辺でございます。せんえつではございますが、乾杯の音頭をとらせていただきます。

10.　V　ております／てまいります／てございます。

　　接续：　动词连用形Ⅱ　ております／てまいります／てございます

　　用法：　"ております"是"ている"的郑重表达形式。"てまいります"是"ていく・くる"的郑重表达形式。"てございます"是"てある"的郑重表达形式。（补助动词应使用平假名书写）

　　例句

　　①ご無沙汰しております。いつもお元気なご様子で喜んでおります。私も元気で暮らしております。

　　②世界は近年にない経済的危機の時代を経験しております。

　　③今ちょっと出かけておりますが、すぐに帰ってまいりますので、どうぞお上がりください。

　　④急に寒くなってまいりましたが、お元気でお過ごしでしょうか。

⑤パンフレットはあちらに置いてございます。

⑥当社では常に20本近い中国への直行便を用意してございます。

11. V ませ。

接続: 动词连用形Ⅰ ませ

用法: "ませ"是"ます"的命令形，接在"いらっしゃる""お／ご～くださる"等尊敬语动词连用形Ⅰ后，用于恭敬地请对方做某事，现在广泛用于服务行业。"来る"的尊敬语"お越しになる""おいでになる"后接"ませ"变为"お越しくださいませ""おいでくださいませ"，"持ってくる"后接"ませ"变为"お持ちくださいませ"。

例句

①いらっしゃいませ。

②少々お待ちくださいませ。

③十分ご注意くださいませ。

④毎度ありがとうございました。またどうぞお越しくださいませ。

句型单词

踏切⓪	[名]	道口	車両⓪	[名]	车，车辆
列車⓪①	[名]	列车，火车	指示①	[名・他サ]	指示，命令
設営⓪	[名・他サ]	准备，安排	退場⓪	[名・自サ]	退出，退场
所定⓪	[名]	指定，规定	招く②	[他五]	邀请，宴请
位置①	[名]	位置，场所	この上もない		无比，最
宿泊先⓪	[名]	住宿地点	ご無沙汰⓪	[名・自サ]	久疏问候
送迎⓪	[名・他サ]	接送	近年①	[名]	近几年
最寄り⓪	[名]	最近	経済的⓪	[ナ形]	经济上的
上がる⓪	[自五]	去，拜访（自谦语）；进来，上来	危機①②	[名]	危机
			直行⓪	[名・自サ]	直达
わざわざ①	[副]	特意，特地	便①	[名・接尾]	航班；班次
多幸⓪	[名・ナ形]	多福，幸福	毎度⓪	[名・副]	每次，经常
件①	[名]	事，事情			

注 解

1.　缓冲语（铺垫语）

用法：询问、请求或拒绝对方时，在切入主题前用于缓和语气，同时给予时间让听话人预测接下来要表达内容，一般称作“缓冲语”或“铺垫语”。常用的有“すみませんが”“失礼ですが”“恐れ入りますが”“申し訳ございませんが”“差し支えなければ”“お手数ですが”“もしよろしければ”“大変恐縮ですが”等。

例句

①失礼ですが、山本様でいらっしゃいますか。

②恐れ入りますが、中山ビルはどちらでしょうか。

③差し支えなければ、ご連絡先を教えていただけますか。

④申し訳ございませんが、あいにく早朝便は満席でございます。

2.　N　も

用法：“も”是提示助词，提示不以人的意志为转移的自然变化，如季节、时间等，含有说话人的感慨之情。

例句

①夜も更けてきました ので、そろそろ失礼しなければなりません。

②秋も深まってまいりました。めっきり寒くなってきましたね。

③夏休みもあと1週間しかありませんね。

④お正月も終わって、また新しい一年が始まります。

3.　N　まで

接续：名词（格助词）まで

用法：“まで”是提示助词。表示程度超出一般，带有说话人惊讶的语气。

释义：甚至于，连……都

例句

①近頃はお年寄りまでスマホでメールを見ています。

②子供にまでバカにされています。

③今年はいいことばかりでした。新しい家に引っ越しましたし、子供も生まれました。そのうえ、宝くじにまで当たりました。

④人と自然は生命共同体であり、自然から際限なく略奪し、環境破壊まで引き起こせば、必ず大自然に仕返しされる。

4. ～にもかかわらず、～。

接続：动词连体形（の）／イ形容词基本形（の）／ナ形容词词干・ナ形容词词干である・ナ形容词词干なの / 名词　にもかかわらず

用法：表示结果与预测相反。

释义：尽管是……但……

例句

①あれだけ努力したにもかかわらず、失敗に終わってしまいました。

②彼は目が不自由にもかかわらず、高校をいい成績で卒業した。

③仕事がきついにもかかわらず、けっこう楽しく働いています。

④彼女はダイエット中にもかかわらず、ケーキを食べてしまった。

注解单词

恐れ入る②	[自五]	抱歉，对不起，劳驾
差し支え⓪	[名]	妨碍，障碍，不方便
あいにく⓪	[副]	不凑巧
早朝⓪	[名]	清晨，大清早
満席⓪	[名]	满员，满座
夜①	[名]	夜晚
更ける②	[自下一]	（夜）深
深まる③	[自五]	加深，变深
めっきり③	[副]	明显，急剧
近頃②	[名]	近来，最近
ばかにする	[連語]	看不起
宝くじ③④	[名]	彩票
生命①③	[名]	生命

共同体⓪	[名]	共同体
際限③	[名]	边际，止境，尽头
略奪⓪	[名・他サ]	掠夺，抢掠
破壊⓪	[名・自他サ]	破坏，毁坏
引き起こす④	[他五]	引起，惹起
仕返し⓪	[名・自サ]	报仇，报复
あれだけ⓪	[副]	那样，那么
不自由①②	[名・ナ形・自サ]	有残疾，不好使；不方便，不自由
きつい⓪	[イ形]	累人，费力

练习 **A** 替换练习。

1.

明日午前9時に大学の正門に	集まる→お集まり	
どうぞ、こちらに	かける→	ください。
今年の忘年会にはぜひ	出席する→	

2.

よろしかったら、	紹介する→ご紹介	
あのう、駅へ行く道を	教える→	いただけませんか。
もし何か詳しいことが分かったら、	連絡する→	

3.

ご多忙中、誠に	恐縮だ→恐縮	
いろいろご心配をおかけしましたが、	元気だ→	でございます。
わたくしの父は痩せておりますが、	丈夫だ→	

4.

ご無沙汰しておりますが、	元気→お元気	
失礼ですが、	山田さん→	でいらっしゃいますか。
田中さんのご出身は	どこ→	

5.

先生はもう私を	指導する→ご指導	
わざわざ毛布を	貸す→	くださいました。
電車なら、近くまで迎えに来てくださると	連絡する→	

6.

訪問中、親切に	もてなす→おもてなし	いただき、本当にありがとうございました。
当店のサービスに	満足する→	いただき、大変感謝しております。
さっそく	了解する→	いただき、ありがとうございます。

7.

先生のご教示、ご指導を	願う→お願い	
ご結婚のご通知をいただき、誠に喜ばしく、謹んで	祝う→	申し上げます。
長期間ご不在になる皆様に	連絡する→	

8.

他のお客様のご迷惑になるので、	帰る→お帰り	願いました。
各駐車場内では駐車位置に	注意する→	願います。
特定日には、料金に変動がございますので、あらかじめ	了承する→	願います。

9.

招く→お招き		秋の園遊会に参加しました。
褒める→	に預かり、	恐縮でございます。
招待→		誠に光栄なことでございます。

10.

いつも息子が	お世話になる→	
皆様のご意見を	お待ちする→	ております。
すばらしい講演をしていただき、社員一同	満足する→	

11.

まだまだ寒い日が続きますが、どうぞ	ご自愛くださる→	
では、当日お気をつけて	お越しくださる→	ませ。
ただいま呼んでまいりますので、少々	お待ちくださる→	

练习 Ⓑ 仿照例句完成会话。

1.

例 A：この病院ははじめてですか。

B：はい。

A：じゃ、<u>ここにご住所とお名前をお書き</u>ください。

①保険証を出す　　　　　　　　②こちらでしばらく待つ

③住民票を見せる

2.

例 A：<u>ご注文のお品物ですが、お取り寄せいたしますので</u>、<u>3日ほどお待ち</u>いただけませんか。

B：ええ、かまいませんよ。

①タクシーがまだ来ない／あと5分ぐらい待つ

②その点はぜひ知りたいと思う／詳しいことが分かったら、連絡する

③ちょっとはっきり聞き取れなかった／もう一度説明する

3.

例 A：すみません、<u>会議</u>は<u>何時から</u>ですか。

B：<u>2時から</u>でございます。

①待合室／どこ／3階の305室　　　　②会議／何時まで／3時

③食堂／どこ／B棟の2階

4.

例 A：失礼ですが、どちら様でいらっしゃいますか。

B：<u>東北旅行社</u>の<u>山下</u>と申します。

①北清大学／張　　　　　　　　②ヤマタ電器／山田

③トヨダ／中村

5.

例 A：お忙しい中、<u>おいでくださり</u>、本当にありがとうございました。

Ｂ：こちらこそお招きいただき、ありがとうございました。

①忘年会に出席する　　　　　　　　　②講演する

③懇親会に出席する

6.

㋑ Ａ：ご連絡いただければ、こちらから伺います。（連絡する／訪ねる）

　 Ｂ：分かりました。

①履歴書を持参する／すぐに面接する

②名前と番号を記入する／履歴書のサンプルが見られる

③ここに名前と住所を書く／利用できる

7.

㋑ Ａ：それでは、会場へご案内申し上げます。（案内する）

　 Ｂ：よろしくお願いします。

①施設内の状況を説明する　　　　　　②昼食は当社で用意する

③私から先生に相談する

8.

㋑ Ａ：明日伺いたいと山田さんにお伝え願えますか。（明日伺いたい／山田さん／伝える）

　 Ｂ：はい、お伝えします。（はい、伝える）

①Ａ：お手数だが／座談会／出席する

　 Ｂ：はい、私でよろしいか

②Ａ：差し支えなければ／話す

　 Ｂ：では、言う

③Ａ：明日は雨かもしれない／傘を持つ

　 Ｂ：はい、分かった

9.

㋑ Ａ：今年の忘年会にご出席いただけますか。（出席する）

　 Ｂ：お招きに預かり、誠にありがとうございます。（招く）

①Ａ：実に勇気が＿＿＿＿＿＿＿＿＿＿ね。（ある）

　 Ｂ：＿＿＿＿＿＿＿＿＿＿、光栄です。（褒める）

　　②Ａ：よく＿＿＿＿＿＿＿＿＿てくださいました。（来る）

　　　Ｂ：＿＿＿＿＿＿＿＿＿、とてもうれしく思います。（招く）

　　③Ａ：それでは、山田さんより、ごあいさつを＿＿＿＿＿＿＿＿＿。（願う）

　　　Ｂ：ただいま＿＿＿＿＿＿＿＿＿山田でございます。（紹介する）

10.

　例　Ａ：はい、エース商事でございます。

　　　Ｂ：山下と申しますが、ミラーさんはいらっしゃいますか。

　　　Ａ：ミラーはただいま出かけておりますが……

　　①金曜日まで休みを取る　　　　　　②ただいま席を外す

　　③木曜日まで中国に出張する

11.

　例　Ａ：すぐにお席をご用意いたしますので、しばらくこちらにお座りくださいませ。（すぐ
　　　　に席を用意する／しばらくここに座る）

　　　Ｂ：はい。

　　①ただいま担当者に連絡する／ちょっと待つ

　　②恐れ入るが／どうぞここへ来る

　　③何もないが／どうぞたくさん食べる

练习　Ｃ　谈论 "忘年会"。

1. 分组讨论以下问题。

　　Q1. 忘年会とは何ですか。好きですか。理由は何ですか。

　　Q2. あなたが参加したいと思う忘年会の企画を立ててみましょう。

　　Q3. あなたが忘年会の幹事だったら、事前にどんな準備をしなければならないと思います
　　　　か。

2. 归纳小组讨论的结果，并填入下表。

理由	企画内容	準備
忘年会が好きな三つの理由 ①今年のフィナーレを感じられる ②にぎやかでテンションが上がる ③話したことのない人と話せる	①表彰動画の制作 ②準備・ルールが 　簡単なゲーム ③余興	①日程・会場の確保 ②参加者名および参加人数の確認 ③料理や飲み物やゲームの景品 ④司会の進行表の作成 ⑤会計報告

3. 策划日文版的 "忘年会" 方案，然后班级讨论，选出可行的方案，择日执行。

关联词语

"忘年会" 的流程	①開会宣言 ②乾杯の音頭、または簡単なあいさつなど ③食事・宴会・歓談・表彰・余興など ④代表者のあいさつ ⑤閉会宣言
"忘年会" 干事的职责	①日程の調整 ②予算の決定 ③会場の確保、準備 ④料理や飲み物の予約 ⑤当日のプランを立てる ⑥役割を決める ⑦会の告知と参加者の募集 ⑧参加者名および参加人数の確認 ⑨当日：司会進行、幹事のあいさつなど ⑩会計報告

练习单词

毛布①	[名]	毛毯，毯子
もてなす③⓪	[他五]	款待，招待
サービス①	[名]	服务
教示①⓪	[名・他サ]	指教，指点
通知⓪	[名・他サ]	通知，告知
喜ばしい⑤	[イ形]	可喜，喜悦，高兴
謹んで③	[副]	谨，敬
長期間③	[名]	长期
不在⓪	[名]	不在场，不在家
特定日③	[名]	特定的日子
変動⓪	[名・自サ]	变动，浮动
了承⓪	[名・他サ]	谅解
園遊会③	[名]	游园会
招待①	[名・他サ]	招待，邀请，款待
自愛⓪①	[名・自サ]	保重（身体）
当日⓪	[名]	当天，那天
保険証⓪	[名]	保险证，保险卡
住民票⓪	[名]	居民卡
取り寄せる④⓪		
	[他下一]	订购，函购
ほど	[取り立て助]	大约，左右
点⓪	[名]	（某一）点，（某一）方面

待合室③	[名]	等候室
懇親会③	[名]	联谊会，联欢会
記入⓪	[名・他サ]	写上，填写
サンプル①	[名]	样本，样品
施設①②	[名]	设施，设备
座談会②	[名]	座谈会
承知⓪	[名・他サ]	知道，明白
実に②	[副]	确实，的确
商事①	[名]	商务；商业公司
外す⓪	[他五]	离开；取下，摘下
企画⓪	[名・他サ]	规划，计划
フィナーレ②	[名]	终曲，最后乐章；结尾，结局
テンション①	[名]	紧张，不安；情绪，精神状态
表彰⓪	[名・他サ]	表彰，表扬
動画⓪	[名]	动画
余興⓪	[名]	助兴表演
景品⓪	[名]	赠品；纪念品，小礼品
報告⓪	[名・他サ]	报告，汇报

小知识

汉语"谦辞"和日语"謙譲語"

　　敬语是传统文化的一部分，它既包含了几千年中华传统文化的韵味，也是人与人之间交流互动的礼仪规范，同时还体现出使用者的品格、修养及教养。恰如其分地使用敬语，对顺利地参与社会生活、维系和发展人际关系至关重要。

　　汉语的敬语主要包括：敬辞、谦辞和礼貌语。谦辞是含有谦卑之意的词，用于指称自己或与自己有关的人或事，如"鄙人""犬子""拙见"等。谦辞通过降低自己（贬己）从而实现抬高对方（尊人）的交际目的。这种谦卑低调的语言形式有助于构建和谐的人际关系，营造出良好的沟通氛围。汉语谦辞根据所指内容可分为：（1）呼语：称呼自己或己方，如"鄙人""不才"等；（2）人物：指称与自己相关的人，如"小儿""小女""舍弟""舍妹"等；（3）事物：指称与自己有关的事物，如"拙作""寒舍""拙见""薄酒"等；（4）行为：指称自己的行为，如"忝任""不揣""承蒙"等。总之，汉语主要使用"鄙""小""愚""拙"等语素表示谦卑。

　　汉语的谦辞传入日语后，一般被称为"自己卑下語"，如"粗品""拙著""弊社"等。日语中也使用自谦语（"謙譲語"）动词来表示自己的动作及其所涉及的事物，以此向动作的接受者表示尊敬，如"お目にかかる""申し上げる""伺う""頂く""存じ上げる"等。除此以外，也使用接头词与接尾词、补助动词以及自谦语句式（"お／ご～する"等）来表示谦卑。

　　无论是汉语还是日语，敬语的种类繁多，且表达因人、因时、因地而异。如同烹饪美食，调味料要放得恰到好处，才会美味可口。敬语的使用也是如此，并非一个句子中敬语使用得越多就越有敬意，要准确把握时机、场合、程度，才能获得理想的效果。

附録

句型、注释索引

课	序号	句型	注释
1	1	イAく　なる。	N（场所）を　V（经过）
1	2	ナA　に　なる。	
1	3	N1　が　N2　に　なる。	
1	4	N　を　イAく　する。	
1	5	N　を　ナA　に　する。	
1	6	N1　を　N2　に　する。	
1	7	N　に　する。	
1	8	～まま	
1	9	自動詞・他動詞	
2	1	～時、～。	N　中
2	2	～前に、～。	N（场所）を　V（离开）
2	3	～後で、～。	
2	4	～まで	
2	5	～までに	
2	6	V　始める/続ける/終わる/終える。	
2	7	～ついでに、～。	
2	8	V　ながら、～。	
3	1	V　う/ようとする。	N　ぶり
3	2	V　たばかりだ。	～くらい／ぐらい
3	3	V（る・ている・た）ところだ。	～さ

课	序号	句型	注释
3	4	N　ばかり	
3	5	V　てばかりいる。	
3	6	N1　で　N2　が　ある。	
4	1	V　ておく。	V　忘れる
4	2	V　てある。	N　中
4	3	V　てしまう。	数量词　も
4	4	～がる。	
4	5	N1　という　N2	
4	6	～しか　～ない。	
5	1	V　ことにする／ことにしている。	そのうえ
5	2	V　ことになる／ことになっている。	～とは
5	3	V　てくる。	
5	4	V　ていく。	
5	5	～てしょうがない。	
5	6	～し、～し～。	
5	7	～かもしれない。	
6	1	V　ようにする。	动词命令形
6	2	V　ように、～。	
6	3	V　ようになる。	
6	4	V　なくなる。	
6	5	～ため（に）、～。（目的）	

（续表）

课	序号	句型	注释
6	6	V　なさい。	
6	7	V　な。	
7	1	V　てやる／てあげる／てさしあげる。	それで
7	2	V　てもらう／ていただく。	
7	3	V　てくれる／てくださる。	
7	4	V　てくれませんか／てくださいませんか。	
7	5	V　てもらえませんか／ていただけませんか。	
7	6	V　てほしい。	
8	1	～そうだ。（外观、趋势、预测）	少しも～ない。
8	2	～ようだ。（比喻、例示）	疑问词 でも
8	3	～みたいだ。（比喻、例示）	
8	4	N　らしい。（典型）	
9	1	～ようだ。（推测）	V　やすい／にくい。
9	2	～みたいだ。（推测）	
9	3	～そうだ。（传闻）	
9	4	～らしい。（推测）	
9	5	～と聞いている。	
9	6	～と言われている。	
9	7	～見える	
9	8	～だろう。（推测）	

课	序号	句型	注释
10	1	～なら、～。	动词ば形
10	2	～ば、～。（条件）	イ形容词、ナ形容词、名词ば形
10	3	V ばいい。	そういえば
10	4	疑问词 V ばいいか。	～っぽい。
10	5	V ずに、～。	
11	1	V と、～。	そうすると
11	2	～たら、～。	
11	3	V たらどうか。（建议）	
11	4	どうしたらいいか。V といいよ。	
11	7	V と、～た。（发现）	
11	8	V たら、～た。（发现）	
12	1	N1 は N2 に V れる/られる。（基本被动）	动词被动形
12	2	N1 は N2 に N3 を V れる/られる。（所有者被动）	
12	3	N1 は N2 に V れる/られる。（受害的被动）	
12	4	N1 が/は N2 に/によって V れる/られる。（客观情况的被动）	
12	5	～ため（に）、～。（原因）	
12	6	～からだ。	
12	7	～のに、～。	
13	1	N1に N2 を Vせる/させる。 N1 は N2 に N3 を Vせる/させる。（强制、指示）	动词使役形
13	2	N1 は N2 を V せる/させる。 N1 は N2 を V せる/させる。（容许、放任）	こそ

（续表）

课	序号	句型	注释
13	3	N1 は N2 を V せる／させる。（情感诱发）	ぞ
13	4	〜とおり	
13	5	N によって	
13	6	N にとって	
13	7	N に対して	
14	1	V せて／させてくれる・くださる。	动词使役被动形
14	2	V せて／させてもらう・いただく。	
14	3	V せて／させてあげる・やる・おく。	
14	4	V せて／させてください。	
14	5	N1 は N2 に V せられる／される・させられる。	
15	1	お／ご〜になる	敬语
15	2	（尊敬）V。	〜んじゃないかな。
15	3	V れる／られる。（尊敬）	〜ところ（を）〜。
15	4	お／ご〜だ。	
15	5	お／ご〜なさる。	
15	6	お／ご〜する。	
15	7	お／ご〜いたす。	
15	8	（自谦）V。	
15	9	（郑重）V。	
16	1	お／ご〜ください。	缓冲语（铺垫语）
16	2	お／ご〜いただけませんか。	N も

课	序号	句型	注释
16	3	～でございます。	N まで
16	4	～でいらっしゃいます。	～にもかかわらず、～。
16	5	お／ご～くださる。	
16	6	お／ご～いただく。	
16	7	お／ご～申し上げる。	
16	8	お／ご～願う。	
16	9	お／ご～に預かる。	
16	10	V ております／てまいります／てございます。	
16	11	V ませ。	

Memo